中国基金网总策划

解读基金

——我的投资观与实践

季凯帆 康峰◎著

一个小小的博客，竟然能够引来超500万人次基民的访问，到底是什么在吸引他们？本书将其中的精华和秘笈完全大公开，将有助于你成为一名成功、富有的基金投资者。

中国经济出版社
CHINA ECONOMIC PUBLISHING HOUSE
北京

图书在版编目(CIP)数据

解读基金——我的投资观与实践/季凯帆、康峰著. —北京:中国经济出版社,2007.3(2020.9重印)

ISBN 978-7-5017-8004-4

Ⅰ.解… Ⅱ.①季…②康… Ⅲ.基金—投资—基本知识 Ⅳ.F830.59

中国版本图书馆CIP数据核字(2007)第032780号

出版发行:中国经济出版社(100011·北京市东城区安定门外大街58号)
网　　址:www.economyph.com
责任编辑:曹　娅(电话:010-57512606)
责任印制:马小宾
封面设计:白长江
经　　销:各地新华书店
承　　印:北京力信诚印刷有限公司
开　　本:170mm×240mm　**印张**:13.75　**字数**:191千字
版　　次:2008年2月第2版　**印次**:2020年9月第21次印刷
书　　号:ISBN 978-7-5017-8004-4/F·7004　**定价**:22.00元

修改说明

本书的第一版的主要内容是在2006年11月前完成的，但随着中国股市的蓬勃发展，2007年又是一个让所有人都意想不到的牛市行情。而且在这一年中基金市场也产生了很多新的现象。虽然有些并不如意，但总体来讲咱们对未来应该更有信心。

这次改版中，首先对第一版上的一些错误进行了订正，并引用了些最新的数据，同时增加了几个章节。主要内容是让人头痛的“巨额分红”：巨额分红、持续营销、净值归一是我非常反感的营销手段，但在2007年，这种现象却非常普遍，所以单独拿出一节来讨论这个问题；独特的指数基金：指数基金是一个非常特别的基金品种，在上一版中讨论的不够详尽，这次也专门把他作为一节来论述；面向海外的QDII：QDII是一个新的基金品种，也给咱们一个面向全球市场的投资手段；另外在博客日志节选部分还增加了四篇新的日志，主要还是讨论投资心态的问题。

2007年的市场虽然火爆，但是也孕育着非常多的风险。上证指数冲上6000点高位，这是在年初没有人能想到的事情，但市场未来走向会是什么样子没有人知道，所以在这种情况下更需要理智的思考。因此，阅读这本书对您可能更为有益。

作　者

2007年11月18日

向谁求取“基经”

证券投资基金在中国已经算不上新鲜事物了。1998年3月,第一支封闭式证券投资基金就已经在证券市场出现;但是在2006年的牛市到来之前,它并不被大多数投资人所知晓;2007年,证券投资基金的百分百投资回报神话开始广为流传,越来越多的投资人开始加入基民的行列。如何快速的认识并了解证券投资基金?如何才能做好自己的投资计划?如何才能成为基金投资高手?成为很多新基民迫切希望了解的问题。

学习借鉴别人的成功经验是迅速提高自己能力的最佳办法之一。唐三藏可以去西天求取真经,小孩子可以向大人学习生活经验,新工人可以向老师傅学习工作经验,新基民应该向谁求取货真价实的“基经”才最合适呢?

向投资大师巴菲特学习。巴菲特是众多投资者顶礼膜拜的投资之神,他的投资理念也被很多专业人士和媒体充分挖掘和剖析,但是没有一个人能够重复巴菲特的成功轨迹,大师之所以成为大师,就是总有一种常人无法企及的特殊才能。所以,模仿大师的经验并不一定适合新基民。

向证券基金投资专家学习。基金投资的火爆，电视广播等传媒也捧红了一批证券基金投资专家，一些所谓的专家频频亮相，今日推荐某某基金，明日推荐某某基金，跟过去的股评家差不多，很多人缺少真正的实战经验，说到底更像是一场媒体秀。

向基金销售人员学习。每每进到银行，总会看到一些积极推销基金的银行经理，在这轮基金热潮中，他们起到了推波助澜的作用，什么新基金比老基金便宜，买基金就是买储蓄等投资误区就是来自于他们的广为传播。诚然，基金对于大多数人来说还比较新鲜，为了完成销售任务他们采取了一些不光彩的手段。看来基金销售人员也并不专业，他们也不是很好的学习基金投资的对象。

向取得成功经验的老基民学习。中国的老基民在年龄上其实并不老，但是投资基金经验却十分老到。他们一般四十岁上下，年富力强，拥有薪水丰厚的职业，接受新事物比较快，有能力而且敢于尝试新鲜事物，热衷于通过投资理财来使家庭资产保值升值。他们的资产状况和投资情况与新基民最为相似，他们的基金投资经验得到了市场的检验，他们善于总结经验并提高自己，他们拥有令新基民羡慕的投资业绩，他们愿意将自己的成功经验拿出来与新基民交流……

本书的作者季凯帆先生(网名:LAOK)就是这样一位善于思考、热爱基金，并且拥有成功投资经历的一名中国老基民。他在网络上开设个人博客,分享个人的投资理念和成功经验,在中国基金网论坛(www.cnfund.cn/bbs)等国内知名财经论坛上热心解答新基民的提问。他的无私努力和满腔热忱赢得了网友的普遍赞誉,他的优秀投资理念和投资经验也让我们中国基金网(www.cnfund.cn)为之感动。为了便于新基民学习了解季凯帆先生的成功之道,让更多的新基民迅速成长,我们邀约季先生将其对基金的认识和理解以及发表过的一些精彩文章进行整理,汇编成册,作为中国基金网(www.cnfund.cn)基金理财系列丛书中的一本,为普及基金知识和加强基金投资者教育贡献微薄之力。

在此,我们再一次感谢季凯帆先生的努力工作,以及出版社对基金理财系列丛书的出版工作所给予的大力支持!

中国基金网(www.cnfund.cn)

2007年3月15日

对季凯帆博士的采访

《我的投资观和实践》这篇网络广为传播的连载文章，我想投资基金的朋友都不会陌生。很多朋友都访问过 *LaoK* 的博客(*http://laok2.blog.sohu.com*)，和 *LaoK* 讨论交流过很多东西。有媒体将他称为“骨灰级基民”，那么大家对 *LaoK* 到底了解多少呢？

LaoK 本名季凯帆，是位天文学博士，从美国回到昆明任教。大家对他的说法不一，大多把他看成一个高手，但是，按他自己的说法是：“我的定位是一个基金概念普及者，我不是一个职业高手，不是一个资深股民，进入中国基金市场也不久，但我希望做科普工作，大众普及。”这正好符合我们中国基金网(*http://www.cnfund.cn*)的宗旨，于是我们利用邀请他担任网站顾问的机会，对他进行了专访。

问：您最初是如何开始投资的？效果如何？

答：你知道，我的学术背景和投资没有什么关系，而且从小到大，我也没有受到过任何投资方面的教育。其实，开始真正考虑这个问题完全是发现把现金放在抽屉里面是件很愚蠢的事情，比如女儿得到的压岁钱，难道我就给她一个信封放起来，等到15年后再把信封交给她吗(笑)？

我最早是2000年开始在美国市场投资基金的。那时候刚好是美国网络泡沫崩溃的时候，开始时非常谨慎，而且对相关的知识知道的也很少，所以只选择了非常稳定的债券基金。后来随着美国经济的好转和自己对证券知识的理解和掌握才开始进入到激进股票基金行列。

在国内大约是一年前开始进入开放式基金的投资。我运气非常好，正赶上了市场爆炸的一年。

我的收益就是一个市场的平均业绩水平。我从来也不指望去超越市场，也不指望获得所谓超额收益。同时，我也认为这些思想是和长期投资理念不符的东西。当你去追逐超额收益的时候，比如波段操作，就意味着你冒更多不必要的风险。另外，其实个人投资基金的收益多少是什么问题也说明不了的，因为这和市场总体情况以及基金经理的操作有关。市场涨跌、收益大小这都不是咱们能控制的。

所以在美国市场，我的收益也就是一个10%的平均状况，而去年的国内市场大家都知道，是一个千载难逢的机遇。

问：在美国市场和在中国市场投资您感觉有何差异？

答：我认为有很大的不同。

第一，最直观的感觉是美国市场相对平稳，或者说开放式基金的波动，也就是短期风险情况要比咱们国内低得多。我没有仔细统计过，但感觉上美国市场涨跌1%出现的频率可能和咱们涨跌3%的情况类似。也就是说整个情况比较平稳。第二，应该说美国市场比较规范，比如基金类型和个性非常鲜明和稳定，而且品种齐全，这对投资者的选择就非常有好处，毕竟它们有很长的历史。第三，就是投资者相对比较成熟。一方面是整个市场（包括投资者）经过漫长的投资历史已经比较成熟；另一方面是有关投资者教育的资讯也非常多，包括杂志、网站等。这样，更容易让投资者成熟起来。市场和投资者一定是种孪生关系，要成熟，大家一起成熟。还有，就是也许美国证券市场和他们国家的经济状况之间的联系比咱们国家要紧密一些。

问：您觉得目前国内基金市场怎样？是否应该加强基金投资者教育？

答：我的确是觉得机会和风险并存，而且机会和风险都很大。

中国作为世界新兴市场的一员，其孕育的机会是不言而喻的，而潜在的风险也是有目共睹的。这也是所有新兴市场的特点，高收益伴随着高风险。

国内基金市场的发展，从我自己仅仅一年的经历就可以感到是非常非常快的,甚至快得让人眼花缭乱,难以适应。大家可以回忆一下,2006年基金市场有多大的变化。从冷冷清清到风风火火,新基金的大量涌现,新资金的疯狂注入,我相信这是2006年年初没有一个人预见到的事情。这种快速发展显然是喜忧参半的。喜的当然是这种发展对我们中小投资人、对国家、对整个产业有帮助;而忧的则是“消化不良”。一方面是基金产业跟不上这种迅猛的发展,另一方面更危险的是投资者对基金产品、对市场、对投资本身在观念上的消化不良。从2006年8月以后市场连续5个多月的持续上涨,让太多的人变得疯狂起来。甚至简单地把基金等同于发财。借钱买基金的有,卖房子买基金的有,把所有存款全部投入基金更是很平常的事情。这是非常非常危险的!

这中间最大的问题就是投资者的教育问题。其实在我国大众之中,正确的理财观念和投资观念,甚至包括最基本的财务知识是非常匮乏的。咱们的正规教育里面是没有这个东西的。我经历了中国教育的所有阶段,从幼儿园到博士。但可以说,必要的财务知识却是零。咱们国家的确有很多知名的经济学家和市场人士,他们的确也是我们经济界的精英。但是,我们必须要看到全民财务投资知识的贫乏,尤其当股票热或者基金热席卷全国的时候,这种大众基本知识的贫乏就显现出来。精英阶层和大众之间的差距是非常巨大的。但市场是不会管这些的,无论是对专家也好,对新基民、新股民也好,都是一视同仁的。结果在整个市场中最危险、最可悲的一定是那些毫无经验、缺乏知识的新手,那些糊里糊涂炒基金的人。而这些人实际上是比例最大的一个群体。

但是,基金这东西在美国叫作共同基金,其实这是所有投资人共同拥有的一种投资。在整个市场不成熟的时候,基金公司为了它自己的利益,必然要去迎合最“普遍”的思想和观念,而不去关心这种“普遍”观念的正确与否。这样到头来会损害投资人的利益。去年年底的大分红浪潮就是一个明证。我想现在越来越多的人明白:市场不成熟,受害的最终还是咱们个人投资者。

我想事情就变得很明显:对于基金的投资人,为了咱们自己的利益也要努力去推广、普及正确的投资知识和理念。这绝对不仅仅是一个公益事业,而是一项为人为己、利人利己的事情。然而这种基本知识的普及,基本理念的灌输,通常不是精英人士愿意做的,或者擅长做的。我们必须承认这种层次上的差异。你让一个诺贝尔奖奖金得主来给小学生上常识课,未必会得到好的结果。事实上,咱们全民的平均财务知识也不过是小学低年级水平。但这种教育却是非常非常有意义的事情,或者说真正造福千家万户的事情。所以也许咱们更多地需要一些幼儿园、小学水平的财务老师来肩负财务知识的扫盲工作。

问:您觉得国内基金公司目前的基金知识普及做得如何?在您心目中哪些基金公司做得比较好?

答:我认为基金公司应该是在基金知识的普及工作中担负最关键的角色。但非常遗憾,我不得不说咱们的基金公司普遍在这个方面做得不够。其实基金公司可以做很多事情去引导市场,帮助市场和投资人成熟起来。但是太多的基金公司却为了它们自己的利益去迎合市场上不成熟的思想。我想这种例子太明显了,比如拆分、复制,还有大比例分红。唯一的目的,就是用1元的净值去吸引那些不成熟的新基民。但基金公司其实非常清楚高净值和低净值根本不是选择基金需要考虑的因素。看看那些促销广告,什么“五星基金,现在才卖块把钱”。这显然是误导投资人。市场不成熟,受害的不仅仅是投资人,基金公司也不会最终得益。

如果说这方面做得好的公司,那我首推上投摩根公司。他们做的很多事情普遍受到大家的好评,比如他们的巡回演讲;比如他们不参与那种归一分红,不搞拆分,不搞复制;还比如他们为了控制规模封闭热门的基金,等等。也就是说,他们不但通过宣传来普及基金知识,同时用自己的行动来让市场变得成熟。

问:您对第三方理财网站有什么看法?他们有多大

的发展潜力？

答：第三方理财网站我认为是非常有前途的，而且在理财知识普及中，我也认为应该扮演非常重要的角色。当然基金公司责无旁贷，但是由于基金公司的特殊性，在基金公司的宣传中往往会带有浓厚的公司色彩，而第三方公司和网站却可以有效地克服这个问题，获得公众更多的信任。其实我个人的理财知识就是从第三方网站上学来的。比如说美国晨星公司的"投资教室"栏目等。公正、公平、公开、公信应该是第三方网站最大的优势。

从国内的情况看，理财网站一种是像新浪、搜狐这种大型门户网站的理财频道；一种是像金融界、和讯之类的专门财经门户网站；还一种就是像中国基金网(cnfund)这样的专业基金网站。但是总体来讲，这些网站的内容重复雷同的比较多。当然各自有各自的特色，如中国基金网(cnfund)的"货比三家""基金选秀""基金龙虎榜""风险测试"都是很有特色的工具。

从经营模式来讲，我认为像前两类的门户网站，无论是综合型还是财经类的，也许他们更多是希望通过访问量来扩大广告的收益，而像中国基金网(www. cnfund. cn)这样的专业网站，我认为应该有更专业的特色和深度。比如我现在还是美国一个专门分析先锋基金公司的网站的注册会员，当然是缴费的会员。因为我有大量的先锋公司的基金，当然对它就非常关注，宁愿花点钱。我也曾经是美国晨星网站的注册会员，而且我从这些网站中真的得到了回报。我知道这点在国内还不成熟，但我相信会有那么一天的。就像几年前，网上购物还只是时髦的做法，但现在已经日益普及了。专业网站就是能把事情做得专业化，这就是优势和前景啊。

问：您准备如何实现你的"基金概念普及者"心愿？

答：呵呵，这我也不知道啊。这个想法也是最近才形成的。

进入中国市场后，其实我很长的时间只是自己学习投资知识，努力做好自己的组合而已。事实上，那段时间我经常看你们"中国基金网"在金融界上的基金沙龙。后来才到了搜狐的基金天下论坛。看了一段时间以后，发现我也可以总结点东西给大家看，这才开始写《我的投资观和实践》，写了几篇，看到还是有不少网友捧场，结果一气写下去，一个月内写了33篇，组成一个系列。把自己一些基本想法和心得和大家分享。在这期间有网友建议开个博客，这样也就有了自己的博客（http://laok2.blog.sohu.com)，本来是想补充点《我的投资观和实践》中没有的东西，所以就起名"《我的投资观和实践》的旁白"。实在没有想到，这个系列文章和博客在基友中有这么大的反响。开博不到4个月，访问量接近70万，3000多条评论，1600多条留言，这是我根本没有预计到的。我也努力更新日志，和大家一起讨论问题。其实所有这些，收获最大的是我。很多问题逼迫我去学习更多的东西、思考更多的东西。

其实你也知道，我并没有任何金融、投资和财务学术背景。我所有的投资心得和知识都是从自己的实践中和自学中得来的。很多朋友都发现我谈的东西和书上的没有什么区别，和一些讲座上的也异曲同工。其实这道理也很简单，因为我就是学来的、看来的，只是再通过我的嘴把它们换种方式讲一遍而已。也许我善于总结，也善于表述，所以会受到大家的喜爱。但我想更大的一个原因是在咱们这个市场上缺乏一些"基础投资知识的扫盲者"，或者"基金概念的普及者"。就像我前面说的，我们有一部分金融精英，但也有数量巨大的缺乏必要知识的民众，这中间的差距也是巨大的。如果我能在这之间做点什么，那就是非常理想的事情了。

所以，我会努力经营我的博客，多写文章，多和大家讨论。《解读基金——我的投资观与实践》能正式出版，要感谢中国基金网(cnfund)和中国经济出版社。其实这只是一本小册子，一本"科普"读物而已，希望能对大家有所帮助。由于我本人的确水平有限，错误自然难免，希望大家给予指正。

我还要感谢中国基金网(cnfund)邀请我做名誉顾问。我也希望我能从一个普通投资者的角度和专业人士多方面沟通交流，把我们的一些看法和需求转述给专业人士，同时希望能促进专业人士和大众的交流，共同建设理性繁荣的基金市场。

看来有不少事情可以做。相对“骨灰级基民”的称呼，我宁愿去做个“骨灰级基友”。在投资基金上，我绝对不是高手，而仅仅是个按部就班的投资者，这根本谈不上什么“骨灰级”。但我更希望把我知道的、学到的、想到的和大家分享讨论，作为大家的“基友”。

问：对于基金投资者的净值恐高问题您怎样看待？

答：这个问题是我不遗余力、重复讲的问题。恐高症完全是一个错误，是彻彻底底的错误，是没有一点道理的东西。它其实容易从逻辑和数据上讲清楚，唯一可能的问题最多是一个心理障碍而已。

但在对待这个问题上，我对一些基金公司的行为是非常有看法的。他们应该担负起培育市场的责任，而不是纵容这种错误观念的蔓延。最近很多大分红的广告，我认为是非常不负责的，完全是误导投资人。

问：请问您是怎样选择基金的？

答：这不是一个简单的问题。但我想有两个关键，一个是你的投资期，一个是你的风险心理承受能力。两件事情决定了你投资的方向，比如是激进型的还是稳健型的，也就决定了你股票基金和债券基金的配置比例。当然在这个基础上，还可以更细致地考虑，包括大盘基金和小盘基金的比例，蓝筹基金和成长基金的平衡，等等。有了这些原则再去考虑基金的具体选择。这时候，我就非常喜欢使用晨星网站了。

问：对于基金投资，您觉得哪些问题是应该重点注意的呢？是长期（包括定期定额）好还是短线好？

答：有两点是投资基金的基本准则：1. 用闲钱；2. 长期投资。短期的投机，甚至借钱来炒基金，是非常非常危险的事情！基金本身就是长期投资的理财产品，不是用来短期炒作的。违背了这个原则，市场一定会用某种方式惩罚你的。

定期定额投资是我非常非常喜欢的投资方式，也是我采用的一个方式。随着市场的震荡，我相信大家会逐步体会到其魅力的。

问：听说您很钟情于晨星，您有哪些经验可以向大家推荐呢？

答：大家都知道晨星评级，但其实在晨星网站上除了评级还有很多的东西，包括每个星期发布的不同周期基金的业绩排名；基金统计指标，如各种系数；还有晨星的风险评估以及投资风格箱。这些东西对投资者选择基金都非常有用。

当然晨星上的所有内容都是代表基金的过去，不代表未来。但是我认为，虽然过去的业绩不代表未来，但如果我们不参考历史，我们用什么来预测未来呢？好学生继续是好学生的概率会比差学生变成好学生的概率要大啊（笑）。

问：在选择基金时，基金资料数据的查看比较重要，你平时在哪些地方查看基金资料呢？有哪些网站有比较好的工具可以向大家推荐吗？

答：你们中国基金网（cnfund）就非常不错啊。数据更新的速度也比较快，而且内容也比较全。比如你们的基金数据栏目是按照晨星的分类进行的，这样非常容易对比啊。我的确很喜欢。

问：谢谢您接受我们中国基金网的采访。

答：非常感谢你们，也非常感谢你们在基金知识普及上做的工作和为基民提供的服务，也希望今后在这方面我们能更好地合作。

中国基金网　康峰

2007 年 2 月 5 日

目 录

序:向谁求取“基经” /1

对季凯帆博士的采访 /5

第一章 投资的准备

1. 咱们该投资吗 /1
2. 什么是开放式基金 /5
3. 态度决定一切 /9

第二章 三步曲之一:投资目标的确定

1. 基金的风险是什么 /12
2. 拿多少钱来投资 /15
3. 让时间成为朋友 /17
4. 复利计算的 72 法则 /20
5. 风险心理承受能力测试 /24
6. 结论:选择基金的关键 /28

第三章 三步曲之二:基金品种的选择

1. 最好的基金评价网站——晨星 /31
2. 优秀基金公司是首选 /38
3. 资产配置比率:选择基金的核心 /42
4. 技术统计资料:选择基金的参考 /45
5. 别患"净值恐高症" /48
6. 要抢购新基金吗 /51
7. 基金的分拆和复制 /58
8. 让人头痛的"巨额分红" /62
9. 独特的指数基金 /66
10. 面向海外的 QDII /72
11. FOF 和生命周期基金 /77
12. 分散投资:建立自己的组合 /80
13. 我理想的资产组合 /87
14. "核心式"投资组合和"再平衡" /93
15. 怎样读基金招募书 /96
16. 三个参考组合 /99

第四章 三步曲之三:操作方法的实施

1. 去哪里购买基金 /102
2. 网络安全吗 /104
3. 选择前端还是后端收费 /106
4. 红利再投资:分红方式的首选 /109
5. 千万不要波段操作和预测市场 /113
6. 各领风骚的一次性投资和定投技术 /117

7. 长期持有策略是制胜的法宝 /120
8. 什么时候赎回基金 /124
9. 基金膨胀带来的影响 /126
10. 还是风险:最重要的事情 /131

第五章 我的投资实践

1. 美国市场的摸爬滚打 /136
2. 国内市场的苦辣酸甜 /139

第六章 博客日志节选

1. 从对上投先锋的质疑想到的 /144
2. 给别人点时间吧 /145
3. 如果气球爆了,你受得了吗 /146
4. 减仓? 加仓? 还是观望 /147
5. 明年准备买只“瘟鸡” /149
6. 咱们该喜欢牛市还是熊市 /151
7. 在美投资对我投资观的影响 /153
8. 别难为“专家”了 /154
9. 理财不是发财 /155
10. 我的基金投资心得 /156
11. 投资心态的基础 /159
12. 一个笑话 /160
13. 2006 晨星开放式基金五星俱乐部 /161
14. 部分基金公司 2006 年 4 季报综合 /169
15. 我如何评价投资组合 /178

16. 复利和分红 /179
17. 推荐中证指数系列 /181
18. 用中证指数给基金分类 /184
19. 分红和收益 /186
20. 再说波段操作 /188
21. 再说理财和发财 /190
22. 我的长期持有是几年 /191
23. 我们在赚谁的钱 /193
24. 请背对观众 /194
25. 这世界上是没有神的 /195
26. 6000 点,买还是卖 /197

后　记 /199

第一章
投资的准备

1. 咱们该投资吗

咱们该投资吗?

“不!”如果有人这样问,我想至少 80%的人会这样回答。投资?那是老板、资本家的事情。咱们那点钱,投什么资啊。而且,谁不知道投资有风险,万一亏了,多惨。还是放银行保险。

想退休的时候成为百万富翁吗?

“当然!”至少 80%的人会这样回答这个问题。谁不想发财啊?如果退休的时候我有一百万,哈哈,那是什么样的日子啊。

那这个梦想能实现吗?

“呵呵,那怎么可能实现呢?梦想只是梦想啊。我一个月存 2000 元,也要存 40 多年啊。别做梦了。”这种回答恐怕又会有 80%。

是啊,这也许是最普通的想法,也恐怕是最符合自然逻辑的想法。可事情真是这样悲观吗?我们每个普通人命中注定就只能靠着养老保险和退休后再打工来渡过 60 岁后的余生吗?不,其实并不是这样,我们每个普通人都有机会在60岁以后成为百万富翁。而这一切并不需要你去违法乱纪，也不需要你起早贪黑。你最重要的是要接受一个新的理念，然后开始一个新的历程——投资。

假设现在你30岁。你有几个办法在60岁的时候拥有100万元的资产呢？先看两个极端的办法。

方法一：最笨的办法。每个月拿出2777元，30年后，你就有了100万元。

方法二：最夸张的办法。30岁的时候拿出1元钱来，然后投资，并每年都让你的资产翻一倍。1元变2元，2元变4元……20年后，你同样有了100万元。那时你还只有50岁。

太夸张了，每年翻一番，这不可能啊。是的，这是不可能。但我们还有其他办法，我们有30年，我们也不仅仅只有1元钱的原始资本。

方法三：30岁的你拿出3.5万元，把这些钱去投资，每年获得12%的收益，到60岁的时候你就有了100万元。

方法四，30岁的你一次拿不出3万多元，怎么办？如果你每个月能拿出300元也行。从30岁一直持续到60岁，每个月拿出300元放到一起，然后这些钱同样获得12%的投资年收益，到60岁的时候，你就有了97万元。

我保证，我没有算错。但当我曾经把这个事实告诉我一个同事的时候，旁边的另外一个同事对我说："你就吹吧。"几乎很少人想过这个数学题，甚至面对这个事实也很少人能真正相信它，因为它太不可思议了。这就是被爱因斯坦称为"人类最有力的发现——复利"，也被一些人称为"世界第八大奇迹"。复利，其实就是咱们俗称的"利滚利"。一听利滚利，我们都想到的是高利贷，我们都知道一旦陷入高利贷利滚利的圈套，几乎永远不得翻身。是啊，当我们借贷的时候，利滚利会要我们的命。可我们如果把自己的钱利滚利，让利滚利为我所用，那得到的结果——你会成为一个百万富翁。

关于复利的最经典的故事是美国纽约曼哈顿半岛的交易。1626年荷兰首任住美总督彼得·米纽伊特用价值仅为60荷兰盾(约24美元)的玻璃、石头之类的小物品,从当地印第安酋长手中购买了整个纽约曼哈顿岛。这一直被称为是有史以来最廉价的交易之一。然而,如果将那24美元用于投资,以8%的年利率计算,到今天这24美元就会变成120万亿美元,不但可以把曼哈顿重新买下来,包括那上面的纽约股票交易市场、帝国大厦、联合国大厦等等,而且还可以买下整个纽约州。

哇,看来投资非常有诱惑力。投资,说穿了就是让钱生钱。让钱生钱,这其实是所有富人的生财之道。

还有一件非常重要的事情我们必须考虑。在上面的方法一中,我们采用了一个最简单的办法,每个月节约2777元,30年后,我们就存下了100万元。可我们忘记了一个“吃人的老虎”:通货膨胀。就算一个很低的通货膨胀率:2%。上面这个存钱办法最终导致的结果是到60岁,你实际的所得只相当于你30岁时候的75万元,25%就这样被“老虎”吃了。而如果你30岁的时候把100万元放到抽屉里面,60岁的时候,你这100万元就只能当54万元花了。46%被这个“老虎”吃了。躲开这只“老虎”的唯一办法就是投资。当然你可以存银行,最多银行的利息也就是和通货膨胀打个平手。

我的女儿还在上幼儿园,每年她都可以收到一些压岁钱。以前这些压岁钱被我扔在了抽屉里。有一天我打开抽屉,看到那些钱的时候,我突然发现,把钱放到抽屉里面实在是一个非常非常愚蠢的办法。女儿在长大,可她的钱却在贬值。虽然不是很多,但这显然是一个非常愚昧的事情。为了她,我也该做点投资。何况,我的女儿出生在美国,我希望以后她能再回美国读大学或者研究生。钱从哪里来呢?

再考虑到我自己。我是有养老保险,但谁都知道,那点养老保险是远远不够保证我退休后的生活。难道我非要工作到70岁才能存够足够的钱安享晚年吗?现在我是生活不愁,但没有近忧,还有远虑啊。

看过一本书《富爸爸穷爸爸》,我必须是一个“穷爸爸”吗?“富爸爸”和“穷爸爸”最核心的区别是理念,富爸爸在投资,让钱生钱,而穷爸爸就盯着那点工资，他一生的追求就是寻找一个好的工作，得到一份好的薪水。结果就是，一个是“富爸爸”，一个是“穷爸爸”。

所以想来想去，咱们应该进行投资！

可是投资有风险，亏了怎么办？我一个月就节余千把元，去投资什么啊？

投资的风险肯定是有的，但关键是如何在风险和收益中进行平衡。如果我告诉你只要承担很小的风险，比如5%、10%的风险，甚至不亏本，而有一个成为百万富翁的机会，你会去做吗？我想绝大多数人都会去做的。

那我每月只有一点点节余，去投资什么呢？一想到投资，就想到合伙开公司、买房子、买黄金甚至买古董买邮票。可这都需要一笔足够的启动资金啊，没有几万元，怎么可能啊？

在这本书里，我给大家推荐一种投资方式。一种你可以从很小的投资开始，承担很小的风险（最主要的是心理风险），而使你20～30年后成为一个百万富翁的方式。这绝对不是天方夜谭。

答案是投资证券市场。

天啊！你说的投资股票？你没有看到那些跳楼的股民，你不是把我往死路上引吗？投资股票？“一赚两平七亏”，哪里可能让我一个月投入几百的人成为百万富翁？笑话啊。呵呵，别那么惊慌。如果证券市场是一条死路，是一条让大家都亏得惨不忍睹的地方，那咱们国家为什么要开辟证券交易市场，那为什么美国近百年的证券交易反而越来越兴旺？这中间必然有其中的道理。实际上，关键的问题是如何投资证券市场。

我们必须搞清楚的一点是，我们要投资而不是投机。

进入股票市场，现在都被人称为“炒股”。一“炒”自然就是一个投机的概念，而不是投资了。投机是瞄准一个“机会”，希望大赚一笔，一劳永逸。而投资是要你扎扎实实、一点一滴地走向你的最终梦想。投机实际上更多的是风险，是灾难。而投资则是一种理性的产物。

好，算你说的有理。我也不想投机，我想投资。可怎么做呢？我不懂证券市场，更不懂股票。我即便想投资证券市场也不知道怎么办啊？难道让我去学这些知识，天天盯着我的股票，提心吊胆？钱不一定赚到，吓也吓死了啊。这我不干。

我告诉你，咱们一样。我是一个散户，在投资以前，我从来没有接触过任何金融知识，也没有多少财务知识；我不懂股票，从来没有买过股票；我从来没有去过证券交易市场，也没有网上股票交易账户；我不会看那些复杂的股票趋势图形，什么K线之类的；我更不会预测明天或者下个月股票会涨还是跌；我也不知道什么军工板块、科技板块、地产板块。可这一切居然都不妨碍我投资证券市场，也不妨碍我成为一个比较理性的投资者，甚至也不妨碍我写这本书和大家交流投资心得。

谜底是我在投资基金，投资开放式基金。从2000年开始，我在美国市场购买了第一只基金，回国后，从2006年开始，我又投资中国的开放式基金。而且，我准备一直投资下去，至少到20年后我退休。

2. 什么是开放式基金

如果你已经了解了开放式基金，这一节你完全可以跳过。什么是基金？简单地说基金就是把大家的钱收集到一起，由专门的人（基金经理）帮咱们去投资证券市场。他提取他的佣金，咱们拿咱们的收益，他们帮咱们理财投资。所以咱们不懂没有关系，咱们找懂的人来做，就像一个企业的董事长聘请一个CEO来运转他的公司。

我保证你一下子就会冒出无穷个问题。我的钱可靠吗？基金经理可靠吗？他提取多少佣金？我有多少收益？这有多大的风险？他们都买什么样的股票或者其他证券啊？怎么买啊？要多少钱才能买啊？等等。

这些问题都是我要在这本书里和大家交流的。我不是一个专业金融人士，只是一个非常普通的“基民”。我投资在这个市场里，坚信这个投资最终会给我带来回报，达到我的目标。如果你寻求专业人士的观点和严格的定义，建议你看看《基金理财系列丛书之一：开放式基金投资指南》。那是一本专业性的指南，而我则从一个散户投资者的角度来看待这些问题。

先粗略回答一些最基本的问题吧，因为我这本书到底不是讲概念的东西，而且我也不是这方面的专家。

基金是由基金管理公司来成立和运作的。一个基金公司下面可以运作很多基金。比如广发基金公司就拥有广发小盘基金、广发聚丰基金、广发聚富基金、广发策略优选基金、广发稳健基金等等。基金管理人的目标就是使咱们这些基金投资者利益最大化。基金公司是独立的商业金融机构，有非常严格的审批程序，并接受中国证监会的严格监督。咱们国家已经有了几十个基金公司，几百只基金。

开放式基金的运行模式是采用一种严格的制衡关系。也就是说基金资产的管理与保管是分开的，基金公司管咱们钱的投资运作，而钱一般是托管在银行的。这样无论是基金公司还是银行倒闭，都不能动用咱们的钱。所以可以说，咱们的钱是安全的。

基金经理是由基金公司聘任的，他的责任就是经营好他管理的基金。他必须是一个专业投资人士，否则咱们怎么会把钱拿给他管理呢。他的基金管理好了，赚钱了，咱们投资人得好处，基金公司也得好处，因为咱们是支付他佣金的。他搞不好，没有人买他的基金，他也什么都没有，所以理论上是一个双赢的态势。

那他们要的佣金是多少呢？这个分两个部分。在购买基金的时候，有笔申购/认购费用。对于新发基金叫作认购，成立后的基金叫申购，一般费率在1.0%～1.5%(有优惠促销活动的基金公司会发公告通知)；对于网上直销的费率一般在0.6%～0.9%。一次性收费还有赎回费，一般是0.5%左右，对于不同基金公司按规定年限长期持有者可以免除。就是说，你投资1万元，要扣除150元左右的购买费用。要说明的是这是一次性费用。

这种费用的收取也有两种方式，一个是在你购买基金的时候缴纳，这叫前端收费。也可以选择在卖（赎回）基金的时候缴纳，这叫后端收费。前后端费率是不一样的，各个基金也是不一样的。另外在赎回的时候，还要根据你持有基金的年限缴纳赎回费，比如0.5%，这也是一次性费用。还有一种佣金叫作管理费和托管费，这一般是1.5%和0.25%。这笔钱不是一次性的，只要你投资，那基金公司和托管银行就要收取这个费用，而且是精确到以天为单位的。实际上，这笔钱才是基金公司真正的生财之道。你想，如果一个100亿元规模的基金，一年的管理费就是1.5亿元啊。一个基金经营得好，买的人多，那规模就大，基金公司就有钱赚啊。

全部佣金是1.75%，那我们可以得到多少收益，风险有多大？这个问题就不是那么明确了，因为这是一个动态的东西。我只能告诉你一个历史数据，美国市场长期平均的收益是10%～15%。显然这个收益扣除管理费、扣除通货膨胀，对我们来讲还是不小的收获。记住，这是一个平均收益，而且是长期收益。它不是像银行一样定时发放的，也没有人担保这个收益。这就是投资的风险。我还可以告诉你，如果你投资在20年以上，你恐怕就不承担什么风险，本基本上是能保住的。在后面的章节中我要详细讲这个问题，这也是一个非常非常重要的问题。

基金可以在很多地方购买。你们家门口的银行，你们单位附近的证券公司和通过互联网在千里以外的基金公司。手续非常简单，你恐怕只要花费不到半个小时，就可以迈上投资之路。你想买的时候就可以买，想卖的时候就可以卖，所以基金是一个流动性非常好的投资方式。

那开放式基金是怎么购买和计算收益的呢？开放式基金采用一个叫净值的概念。净值其实就是开放式基金的销售价格。这东西是这样计算的：在一个基金刚刚开始建立的时候，净值都是1元。你用10000元（扣除认购费后）就可以买10000份基金。然后基金公司就用募集来的这笔钱，比如50亿元（50亿份基金）去投资证券市场。也许一年以后，扣除他们要的佣金，还剩下60亿元。这60亿元分到50亿份基金上面，每份基金就值1.2元，这时候的净值就是1.2元。显然，赚的钱越多，基金的净值也就越高。但如果亏了，净值就会降低，甚至降到1元以下。认购新基金的人，是用1元的净值来购买新基金。那后来的人如果也用1元购买，前面投资的人不就亏了？所以，后来申购一个成立以后的新基金的人必须以当天的净值来申购。也就是说，如果净值变到了1.5元，你10000元投资就只能购买6666.67份基金，而不是10000份。卖出的时候，同样也是以当天的净值来销售。如果你买入的时候是1.5元，卖出的时候是2元，那就一份盈利0.5元。6666.67份就盈利3333.33元，这就是你的收益。当然你投资越多，净值增长越大，你的收益就越多。之所以叫开放式基金，意思是一个基金的总份额是不定的。反正大家都是按照当天的净值来计算，买的人多了，基金的规模就大，买的人少了，基金的规模就小。

还要注意一点，开放式基金的购买方式是一种"未知价格"的购买。每个基金的净值都是在当天股票交易市场下午3点以后再根据所持有的证券的市值来计算，一天就一个值，这个值是北京时间下午3点以后才知道。但你购买基金的时候，如果在下午3点以前提交申请购买单，那你最终购买基金的净值就按3点以后计算出来的当天净值来算。如果是下午3点以后提交的购买申请，那就按照明天的净值来计算。所以，无论你买还是卖，你当时并不知道基金的净值是多少，也就是"未知价格"。为什么要这样做，而不是用一个实时的净值呢？这首先是开放式基金的交易模式就是这样规定的；其次，这也可以防御投资者短期套利"炒"基金。

开放式基金会分红的，会不定期地分配给你投资收益。你可以选择把分红留给自己，所谓现金分红，也可以选择红利再投资。分红的时候，由于基金的总资产降低了，净值也就下降了。所以在看一个基金的净值时，会有两个净值，一个叫"净值"，一个叫"累计净值"。"累计净值"不考虑分红给基金净值带来的降低因素，反映了基金成立以来总体的发展情况，而"净值"则是你交易时候的真正价格。

有一件非常有吸引力的事情，目前国家对个人的基金收益是不上税的。所以如果你要和银行收益进行比较，一定要记住银行利息还要扣除利息税，而基金收益是纯收益。

那最小投资规模是多大呢？很小，一般的基金最小的申购额是 1000 元，也就是你有 1000 元就可以开始投资了，甚至有些基金投资方式，比如银行的定投，可以更少，几百元就可以。你不需要很多的钱，就可以开始你的投资之路，就可以让你的少量的节余滚动起来，最后变成一个大雪球。

那几百只基金都有什么区别啊？我选择什么样的基金合适呢？我先给大家介绍点知识：开放式基金一般分成股票基金、债券基金、货币基金以及介于股票和债券基金中间的配置型基金。

顾名思义，股票基金就是主要投资在股票市场，债券基金主要投资在债券市场，如国债等，而货币基金是投资在短期货币市场。一般来讲，股票基金风险大、净值波动大，但长期收益也大；债券基金稳定一些，收益也小一些；货币基金几乎没有风险，但收益更小，现阶段一般也就是每年2%左右的收益。

我想你在投资开放式基金前需要掌握的预备知识主要也就这么多。更多更详细的知识性的东西可以看《基金理财系列丛书之一：开放式基金投资指南》中的“开放式基金投资 108 问”，或者在互联网上寻找。

OK，我想你已经明白自己该投资，也明白了什么是开放式基金。但这还远远不够，千万千万别立刻就开始你的投资，千万千万别立刻到楼下的银行开户并被银行的漂亮小姐一忽悠就投入十万八万购买一只基金。先学习，先做功课，态度决定一切。

3. 态度决定一切

在开始写这本书之前，我在搜狐的“基金天下”论坛上泡过很久，也发了很多的帖子，回答一些问题，交流一些心得。由 32 篇帖子构成了一个系列叫“我的投资观和实践”，也得到很多“基友”的好评。但在论坛上待得越久越深刻理解“态度决定一切”这句话。

知道我最怕回答的问题是什么吗？“我准备投资，你给我推荐几只基金吧”，或者“我是新手，昨天刚刚买了只基金，你给看看评价一下好吗？”说老实话，我真不知道怎么回答他们的问题，不但是太笼统，关键是他们并没有认真地去做功课，在投资之前没有认认真真地去研究什么是基金，为什么要购买基金。说起来，也许你不相信，我估计有80%的基友在决定拿出十万八万购买基金之前考虑的时间不到半个小时，比买件衣服的时间都少。

毋庸讳言，论坛上的确有不少对基金很有心得的朋友，但也不乏懵懵懂懂、迷迷糊糊的基友。而且，往往后者的问题更让你不知所措。回答问题是小事，但我真为这些基友们担心。咱们这是在讨论投资，是成千上万元的钱，是你一点一点攒下来的血汗钱，可不是小孩过家家啊。

美国非常著名的一个基金经理林奇把这种称之为“Charmin 综合征”。Charmin 是美国宝洁公司出的一种卫生纸，几乎在美国任何一个超市里面都可以看见。林奇说：“很多人在买宝洁公司股票前花的时间还不如花在挑 Charmin 卫生纸上的时间多。”这就是 Charmin 综合症。稀里糊涂、懵懵懂懂地就把大把的钞票投入到一个未知的领域，而且还不想花点时间去研究一下。这和闭着眼睛打扑克有什么不一样呢？在任何一个基金论坛上待过一段时间的朋友都可以发现，在那里 Charmin 综合征恐怕并不罕见啊。

很多朋友很容易被银行的推销人员忽悠，还有些朋友道听途说就选择了一个基金。更多的是总希望得到所谓“高手”的一个具体建议，总希望有人帮他做个决定，甚至连最基本的概念都不想掌握。不读书不看贴就想发财，恐怕只能等天上掉馅饼了。钱是我们自己的，投资是我们自己的事情，我们自己的事情还得我们自己做主。

基金投资其实是很简单的事情。如果说需要点数学知识恐怕是上初中以前就学过了的，其他的就是概念了。投资不是比智商，而比的是谁更理性。而理性的前提就是理解，要理解就得花点时间吧。你无须成为一个投资大师，无须像考大学一样，每天学习到深夜。但你得花点精力，至少要花买件衣服的时间吧。

很喜欢一个故事：如果给每一个英文字母 A—Z 相应的分数，A=1，B=2，……Z=26，那么每个单词所有字母得分都可以得到一个总和。知识（Knowledge）得分 96，勤奋工作（Hard work）得分 98，态度（Attitude）得分才是 100。

做任何事情都是这样，态度决定一切，投资更是这样。

我的这本书，其实不会给一个明确的建议，比如该买什么基金，什么时候买，买多少。我不会提出这种建议，但我会把我投资的整个思路都原原本本地告诉读者。我始终认为投资最关键的是理念，是投资观，或者说是投资哲学。只有咱们清楚了投资思想，咱们才会有明确的方向，才会实现最终的梦想。

这本书中，我归纳了一个“买基三步曲”。通过这三步，我觉得你就有了一个自己的投资观，就能迈上投资之路。这三步是：确定投资目标、选择优秀基金和掌握投资方法。

第二章

三步曲之一：投资目标的确定

1.

基金的风险是什么

投资开放式基金到底有没有风险？这是个非常有趣的事情。开放式基金，尤其是股票型基金，本质上还是投资股票市场。那大部分人说有风险，也有人说没风险。我认为正确的答案是：短期有风险，而且风险很大；长期则无风险，或者说风险很小。

股票型基金绝对不是仅仅投资某一只股票，而是同时投资在几十只甚至上百只股票上面。

这叫分散投资，也称为投资组合。投资组合理论是 20 世纪 50 年代由美国一个 20 多岁的小伙子提出的，而就因为这个理论，这个小伙子在 90 年代获得了诺贝尔经济学奖。可见这个理论对投资领域的贡献。

我们都知道，单只股票的波动是很大的。当然一个业绩良好的企业会随着公司的发展而使其股票价值越来越高。但市场是由非常多的因素构成，甚至包括投资者的心理因素。在这种情况下，股票的价格会波动很大，尽管长期是上涨的。那怎样才能做到既降低波动又享受长期上涨呢？有一个办法：多买些股票。这只股票涨的时候，那只可能跌；那只涨的时候，这只又可能跌。此消彼长，总投资的波动自然就小，而长期的平均收益却不会被抹杀。这就是分散投资。分散投资可以大大降低单个股票对总投资的影响。不过分散投资的理念对"炒股"的人是没有意义的，因为对投机的人而言，他们希望的是抓住股票波动的脉搏，从而在低价位的时候买入，高价位的时候卖出，长期趋势不是他们感兴趣的东西。而基金投资则有所不同，它追求的就是长期投资和长期趋势。

但是股票之间却不是独立涨跌的。比如国家出台一个什么大政策，所有的股票可能都一起涨或者一起跌。那你再怎么分散投资，也避免不了这种波动，这就是系统风险，开放式基金也无法避免这种波动，而且这种波动会叠加到长期趋势上面。

对这种波动只有一个办法来平衡——时间。在一个长时间的期限内，这种波动就变得很小，完全被长期的大趋势压制下去，只是一些小毛刺而已。时间越长，这种毛刺的影响就越弱、越不起眼。

在投资领域，我们都知道一句话"过去的业绩不能用于预测未来"，但未来是没有数据的，我们也只能依赖过去的数据去预测未来，或者用其他国家的数据预测中国的市场。看看1925—2002年美国77年股票交易历史。如果1925年我们投资1美元在大公司股票上，到2002年，收益是1775美元。在这77年中，包含了多次股市崩溃，如20世纪30年代的股灾、1986年的黑色星期一、2000年的网络泡沫。最终的收益依然是1775倍，而同期通货膨胀是10倍。如果你真能投资77年，平均每年收益将达到12.2%，显然大大地赚了一笔。

这种平均12.2%的收益就是大趋势。但这77年中，如果我们独立地看每一年，却有23年是亏本的，也就是说，有30%的年份是亏钱的。最大一年亏损43.34%，而在其余的盈利年份，最赚的年收益是53.99%。70%的年份是赚钱的，而且赚钱的幅度也比亏损的大，所以最终是赚钱的。但这些盈利年和亏损年是非常随机的，也就是没有任何规律可以寻找。不是说今年亏损，明年也会亏损；或者今年赚钱，明年就会亏损。市场是根本没有办法把握的。所以我们如果任意投资一年，有30%的可能会亏钱，70%的可能会赚钱。

但如果我们连续任意投资5年，五年一平均，亏本年份的可能性就降到了接近10%。最亏的年平均收益为-12%，最赚的为24%，波动明显变小。

如果连续投资10年，十年一平均下来，亏损的概率只有3%。最亏的年平均收益为-0.9%，最赚的为20%，波动更加减小。

如果连续投资20年，平均下来最少的年平均收益为3.1%，最赚的为17.7%。也就是说即便你运气非常非常糟糕，在一个非常高的点位进行了一次性投资，你20年后也不会亏，只是赚得少。

这就是结论，按美国的股市历史，如果你仅仅进行一年的投资，你亏的可能性是30%；如果做5年的投资，亏的可能性是10%；如果做10年的投资，亏的可能性是3%；做20年投资，就不会有亏损。

没有算过也没有见到资料，如果只进行小于1年的投资，3个月或者1个月亏钱的概率有多大，我猜应该和抛硬币差不多吧。

所以我认为：短期有风险，而且风险很大；长期则无风险，或者说风险很小。

当然这些概率是对股票或者说是对股票型基金而言的。股票是收益最大的，也是风险最大的，要降低风险，只有增加投资年限。当然你也可以投资债券，如果投资债券，按美国的历史，投资期在5年的时候，亏损的概率就不到5%了。当然也要看到在前面说的77年中，美国大公司债券的年平均收益只有6.2%，也就是经过77年后，1美元仅仅变成了60美元。相比股票的收益1775美元，简直天差地别，但风险却小得多。你投资5年亏本的可能性和投资股票接近10年的可能性相当啊。货币基金不会亏本，没有风险，但2%的收益经过77年后，1美元仅仅是4.5美元，甚至还无法抵消通货膨胀对资产的侵蚀。

股票型基金显然是一种激进的、高风险高收益的基金，而债券基金就稳健得多。对于配置型基金，投资股票的份额越大，风险就越大；投资债券的份额越大,风险就越小。

曾经有朋友问我说明年要装修房子,现在钱闲置着,让我推荐一个高收益的基金。我只能告诉他,他选错了投资方向。也许你现在选择一个激进的股票基金,明年在装修房子前有很好的收益,但这要冒很大的风险。1 年的投资,不亏本的风险只有 50%。千万不要被现在火爆的股票市场和基金市场迷惑啊。

风险和收益是一个共生关系。一定要记住这点,没有高收益低风险的事情。要降低风险只有增加投资期限,或者买债券基金、货币基金,但这收益也低。所以投资股票基金最好是用来养老和子女上大学,咱们有接近或者超过 20 年的投资周期,就算亏也不会有多大,这其实也是基金投资的根本目标。

2. 拿多少钱来投资

无论怎么说,投资都不是一个“穷人”的游戏。如果吃穿都有问题的话,暂时还是不用考虑投资吧。也许一切都安定了,家庭、事业、收入都稳定了,这时咱们就可以悠闲的考虑未来的日子,开始考虑退休后的生活和刚刚出生的孩子的将来。

咱们已经有了一个房子,除了支付银行按揭、生活必需品和一些享受以后,在银行里面开始有了点存款,而且每个月也结余下一些钱。这时候怎么使用这些“闲钱”就是一个要认真筹划的问题。我希望我已经将您说服,投资是一个非常好的选择。

那拿多少钱来投资呢? 既然开放式基金这么好,而且我也准备长期投资降低风险,岂不是能投多少就投多少啊?

在中国基金网的基金论坛上看到过帖子，有人说把存款全部投到基金了，也有人说把私房钱也投进基金了，甚至还有说要借贷投基金的。2006年夏天以后，开放式基金简直火爆得无以复加，好像只要投资了基金，就必然赚钱。那当然要把所有钱全部投进去啊。

如果你真的决定把所有的银行存款，所有的工资结余全部去买基金，这其实是非常恐怖的事情。

关于基金投资的风险，在上一节中已经介绍了。结论是长期投资没有风险或风险很小，而短期投资，风险很大。万一你有一个急需用钱的时候，你必须打破你原来投资计划的时候，恐怕就不得不在一个形势很不好的时候赎回你的基金，那么损失一定是非常惨痛的。

为了避免这个惨况，有几种方式可以来帮助你配置资产，确定到底该把多少钱用来投资。

一种是三分之一法。很简单，把三分之一的钱用来买房地产，三分之一的钱用来投资证券市场，三分之一的钱用作储蓄或者买国债。不过令人惊讶的是，这种配置方式早在2000多年前就被提出来了，西方有句格言："每个人都该把自己手里的钱分成三份，一份买地，一份做买卖，剩下的一份存起来"。书写这个格言的人一定很伟大，他居然能指导2000年后的现代人进行投资。

一种是"指头算法"。这种算法就是估算你应该把多少资产用于投资，把多少用于保守的储蓄。这个算法也很简单，被称为"指头算法"，就是说你掰掰指头就能知道答案。这就是根据你的年龄。如果你30岁，你应该至少在储蓄上投入30％的资产，而各种投资不超过70％；如果你40岁，那储蓄40％，投资60％；如果60岁，储蓄60％，投资40％。用公式表示就是：

可用于各类投资的资产比例＝100－你目前的年龄

也就是说，年龄越大越应该保守，年纪越轻，越可以进取。年纪大了，禁不起折腾，这也很容易理解。按照这个原则，咱们会发现一个事实，我们投资的策略会随着我们年龄的增长而变化。年轻的时候，我们可以很猛，承受很大的风险，而当我们逐渐靠近退休年龄，或者靠近我们投资的目标时间,比如孩子入读大学,我们就得适时地将股票基金转换成稳健的债券基金,这样即便是我们要赎回时碰到的是一个熊市,一个非常不景气的市场,我们依然能保住我们的投资成果。

无论你是用“三分之一法”还是“指头算法”,都强调一条:你不能把所有的钱都去投资。你必须有充足的“应急资金”,比如万一生病、失业等等。这样一旦有什么事情你也不用临时抛售去解燃眉之急。

还有一点是丝毫不能含糊的:绝对不能借贷去投资基金。诚然,如果按照12%的年收益,可能比银行贷款要高出不少。那自然就有人会去想,我借钱来投资基金岂不是白赚?可你一定要记住,12%那是一个平均数,并且这种回报也是通过长期的投资,平滑短期的风险而得到的,绝对不是指每年你必然有这个数字的回报。而且还有一点,当你用借款来投资的时候,你心理上就承担了另外一种压力,一种只许赢不许输的负担。而在这种负担下面,你往往会在困难的时候铤而走险,结果是一败涂地。

当分配好了咱们的所有资产、预留了“应急资金”并保证没有借贷,咱们就可以比较从容地去投资,即便投资失败,也不会让咱们倾家荡产。这点是非常重要的,这决定了你投资的心态。显然,如果用一种非常浮躁和压力巨大的心态去投资的时候,一定会去投机,会去赌博,而不会认真地去研究投资方向,也就不可能理解正确的投资理念,无法掌握正确的投资方式,这种投资注定是要失败的。

3. 让时间成为朋友

时间会是我们投资最好的朋友。只要我们把它当作长期朋友看待,它就会和我们站在一起。

随着时间的延长，投资基金的风险会降低，因为有平滑风险的因素在产生作用；随着时间的增加，咱们的收益也会增加，因为有复利在起作用。所以在投资过程中，一定要首先考虑你的时间朋友：你到底希望它为你服务多少年。

我非常羡慕那些大学刚刚毕业就开始投资的朋友。他们不但有了一个投资的理念，更重要的是他们有非常大的机会去实现他们百万富翁的梦想，而且他们有条件去选择一个理想的产品——开放式基金作为投资对象，在我是他们那个年龄的时候这是不可能想象的。

一个25岁才开始工作的年轻人，如果他试图在60岁退休的时候有100万元的资产，他只需用一个非常简单的办法：如果按照平均年收益12%来计算，他只要每月投资175元，那在60岁的时候，他的投资账户上就有101万元，而实际投入资本只是73500元。但对一个40岁的人来讲，要每月投资1000元，在同样的收益情况下，才能在60岁的时候有97万元，而他的实际投资成本却是24万元。为了达到同样的目标，多拿出来了14万元，多付出了两倍的成本。而这一切，仅仅是因为投资晚了15年。

如果进行一次性投资，差距会更大。25岁的时候，一次性投资20000元，按12%的复利增长，60岁的时候，会有105万元；而如果你40岁的时候才开始投20000元，60岁的时候，只有19万元。差距达到4倍多。

在汇丰晋信基金公司出的小册子《十大投资金律》上面有一个故事：陈先生20岁起就每个月投资500元买基金，假设平均年报酬率10%，他投资7年就不再扣款，然后让本金和获利一路成长，到60岁退休的时候，本利已达162万元；王先生则26岁才开始投资，同样每个月500元，10%的年报酬率，他整整花了33年持续扣款，到60岁才累计154万元！相比之下，王先生投资才晚了7年，但要追赶一辈子。

上面三个计算，都说明了一个问题，咱们投资开始得越早，最后的收益就越多。或者说投资开始得越早，咱们达到同样的收益，付出的成本就越小。而且，差距是如此之大，简直是不算不知道，一算吓一跳。

在基金的风险里面，我们已经知道，随着时间的推移，投资的风险越来越小，但短期波动永远都是存在的。那咱们选择一个波动小的投资方案，虽然损失了些年平均收益率，但长期下来是不是也差不了多少呢？比如说股票基金，年平均收益率可能是 12%，而债券基金可能是 8%，咱们一部分买股票，一部分买债券，达到一个平均收益 10%，好像也比 12%差不了多少吧？答案又会让你吓一跳。还是第一个例子，25 岁的年轻人，月投入 175 元，只是收益从 12%下降到 10%，到 60 岁的时候，总资产只有 62 万元。虽然年收益仅仅少了两个百分点，但对比 12%收益率时的最终 100 万元，居然少了 40%。如果再降两个百分点，平均收益是 8%，那 60 岁的时候，就只有 40 万元了。

在长期收益的计算中，有一个简便的“72 法则”。比如年收益是 8%，那么 72/8=9，就是说 9 年，你的资本就可以翻一倍；如果年收益是 12%，那么 72/12=6，就是说 6 年可以翻一倍。用 72 除以收益率，就是资本需要翻番的大约年数。这样，在 30 年的时间内，如果 12%的收益，就可以翻五番，也就是 2^5 是 32 倍；如果是年收益 8%，30 年内可以翻三番多点，还不到 10 倍。

无论怎么算，都有一个结论：在长期投资的情况下，很小的收益率变化，会给结果带来巨大的差别。

所以，如果是长时间投资，一定要追求最高的收益。而随着时间的推移，高收益带来的高风险就会被平滑掉。也就是说，在风险和收益的角逐中，时间会帮我们很大的忙。美国 77 年股市统计数据表明，对大公司的股票，77 年后，增长了 1770 多倍，而波动更大的小公司股票却涨了 5000 多倍。

可见，你投资越开始得早，就越可以承担更多的风险，从而获得最大的收益。不要太厌恶风险，躲避风险最后就只能让你失去非常好的机会。时间会为我们保驾护航，它是我们的朋友。

要非常强调的一个概念是长期投资的平均收益。这是一个非常重要的概念。比如美国根据 77 年的历史，统计下来平均收益为 12.2%，但这绝对不是说每年的收益都是 12%左右，实际上单年的收益变化是非常大的。对美国77的历史数据的仔细分析可以发现，最佳的年份，单年的收益为50%多，而最差的年份收益也是－50%。

下图给出了不同收益情况的年度数目。横轴是收益率，纵轴是有这个收益的年数。

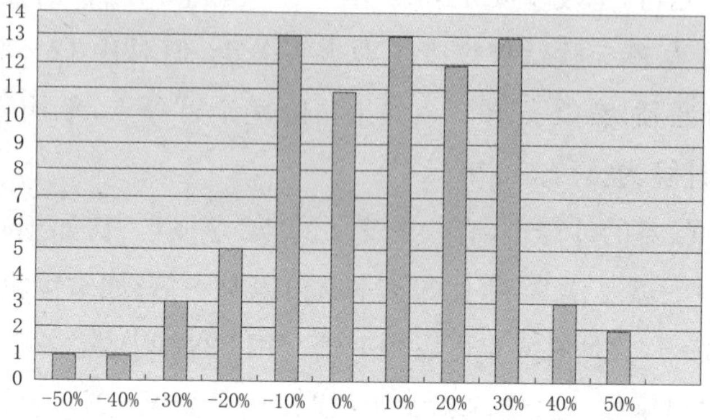

图2－1　美国股市历史收益分布情况

从上面的图中可以清楚地看到，年和年之间的收益有非常大的弥散。－10%、10%和30%收益的年度是最多的，都是13年。大收益和大亏损的年数都比较少，最后综合下来平均12%。

2006年、2007年咱们的收益都非常好，但要知道这种收益恐怕是百年一遇。千万不要指望年年还是这样啊。

4.

复利计算的72法则

很多人都觉得复利的计算很麻烦，的确也是这样。如果年收益是

$x\%$，那N年以后的收益是$(1+x\%)^n$。这样，没有计算器，恐怕就很难算了。

前面说过的72法则经常用来做复利的近似计算，用来计算在给定的年收益的情况下，大约需要多少年，你的投资才会翻倍。

举例说明：

比如年收益是5%，那用72/5=14.4。也就是约14.4年可以将投资翻番（如果用标准公式计算结果为14.2年）；

如果年收益为7%，用72/7=10.3，也就是约10.3年投资可以翻一番（用公式计算为10.24年）；

如果年收益为10%，用72/10=7.2，也就是约7.2年投资可以翻一番（用公式计算为7.27年）；

…

也就是如果年收益为$x\%$，那翻番需要的年份就是$72/x$。这就是所谓的72法则。

这样就很容易算出如果年收益为12%，翻番要的年份就是6年；而如果收益是15%，翻番要的时间就是5年。这样也就很容易算出，如果收益是12%，那18年就可以翻三番，也就是8倍。如果收益15%，那20年可以翻四番，也就是16倍啊。

还有一个115法则。72法则是计算翻番的时间，而115法则是计算1000元变成3000元的时间，也就是变成3倍的时间。计算方法还是一样，用$115/x$就是本金变成3倍要的年份。比如收益是10%，那1000元变成3000元的时间就是115/10=11.5年。

下表对照了在一个特定利率的情况下，精确计算投资翻番的实际年限和72法则计算的结果。从中可以看到对于年增长率很大或很小的复利，误差就比较大了，但作为估算是没有问题的。

表 2－1　72 法则估算结果和实际计算结果的比较

实际年限	72 法则年限	利率	误差年限	误差率
69.7	72.0	1%	－2.3	－3.25%
35.0	36.0	2%	－1.0	－2.77%
23.4	24.0	3%	－0.6	－2.29%
17.7	18.0	4%	－0.3	－1.82%
14.2	14.4	5%	－0.2	－1.34%
11.9	12.0	6%	－0.1	－0.87%
10.2	10.3	7%	－0.1	－0.40%
9.0	9.0	8%	0.0	0.07%
8.0	8.0	9%	0.0	0.54%
7.3	7.2	10%	0.1	1.01%
6.6	6.5	11%	0.1	1.47%
6.1	6.0	12%	0.1	1.94%
5.7	5.5	13%	0.1	2.40%
5.3	5.1	14%	0.1	2.86%
5.0	4.8	15%	0.2	3.32%
4.7	4.5	16%	0.2	3.78%
4.4	4.2	17%	0.2	4.24%
4.2	4.0	18%	0.2	4.70%
4.0	3.8	19%	0.2	5.15%
3.8	3.6	20%	0.2	5.61%
3.6	3.4	21%	0.2	6.06%
3.5	3.3	22%	0.2	6.51%
3.3	3.1	23%	0.2	6.96%
3.2	3.0	24%	0.2	7.41%
3.1	2.9	25%	0.2	7.86%
3.0	2.8	26%	0.2	8.30%
2.9	2.7	27%	0.2	8.75%
2.8	2.6	28%	0.2	9.19%
2.7	2.5	29%	0.2	9.64%
2.6	2.4	30%	0.2	10.08%
2.6	2.3	31%	0.2	10.52%

续表

实际年限	72 法则年限	利率	误差年限	误差率
2.5	2.3	32%	0.2	10.96%
2.4	2.2	33%	0.2	11.40%
2.4	2.1	34%	0.3	11.84%
2.3	2.1	35%	0.3	12.28%
2.3	2.0	36%	0.3	12.71%
2.2	1.9	37%	0.3	13.15%
2.2	1.9	38%	0.3	13.58%
2.1	1.8	39%	0.3	14.01%
2.1	1.8	40%	0.3	14.45%
2.0	1.8	41%	0.3	14.88%
2.0	1.7	42%	0.3	15.31%
1.9	1.7	43%	0.3	15.74%
1.9	1.6	44%	0.3	16.17%
1.9	1.6	45%	0.3	16.59%
1.8	1.6	46%	0.3	17.02%
1.8	1.5	47%	0.3	17.44%
1.8	1.5	48%	0.3	17.87%
1.7	1.5	49%	0.3	18.29%
1.7	1.4	50%	0.3	18.72%
1.7	1.4	51%	0.3	19.14%
1.7	1.4	52%	0.3	19.56%
1.6	1.4	53%	0.3	19.98%
1.6	1.3	54%	0.3	20.40%
1.6	1.3	55%	0.3	20.82%
1.6	1.3	56%	0.3	21.23%
1.5	1.3	57%	0.3	21.65%
1.5	1.2	58%	0.3	22.07%
1.5	1.2	59%	0.3	22.48%
1.5	1.2	60%	0.3	22.90%
1.5	1.2	61%	0.3	23.31%
1.4	1.2	62%	0.3	23.72%

续表

实际年限	72 法则年限	利率	误差年限	误差率
1.4	1.1	63%	0.3	24.14%
1.4	1.1	64%	0.3	24.55%
1.4	1.1	65%	0.3	24.96%
1.4	1.1	66%	0.3	25.37%
1.4	1.1	67%	0.3	25.78%
1.3	1.1	68%	0.3	26.18%
1.3	1.0	69%	0.3	26.59%
1.3	1.0	70%	0.3	27.00%
1.3	1.0	71%	0.3	27.41%
1.3	1.0	72%	0.3	27.81%

5. 风险心理承受能力测试

虽然时间的延长可以大大降低风险，但在短期内，资产的波动还是很大的。如果咱们跟踪自己的资产情况，会发现有时大赚，有时大亏，就像坐电梯一样，忽上忽下。咱们的心脏承受得了吗？咱们会不会为这些波动而彻夜不眠，最后神经衰弱？或者实在承受不了这种颠簸，而放弃投资？这是很可能的，也是很可悲的。所以咱们必须对自己的心理承受能力有个清楚的了解。

下面有一则投资风险心理测试题目，是我从一本英文版《投资学基础：估值与管理（第 3 版）》（Corrado C. J，Jord-an B. D）翻译过来的，在网上发表后，有很多朋友进行了测试，而且说测试的结果很符合他们自己的状况。

这套题目实际上是根据你对风险的认识来测量你的心理承受能力，并提出投资参考意见。我认为很好，而且觉得隔一段时间就应该再做一遍，因为你对风险的理解不一样了，承受能力也就不一样了。

投资风险承受能力测试

(1)选择最适合于你的对投资理念的描述。

A. 我的主要目标是得到最高的长期回报，即使我不得不忍受一些非常巨大的短期损失；

B. 我希望得到一个很稳定的资产增值，即使这意味着比较低的总回报；

C. 我希望在长期回报最大化和波动最小化间进行平衡。

(2)当你购买股票或者基金的时候，请对下列每个因素分别回答？

A. 非常重要　B. 有些重要　C. 不重要

A. 资产升值的短期潜力；

B. 资产升值的长期潜力；

C. 对于股票，这个公司被其他人收购的可能性；

D. 过去六个月盈余或亏损的情况；

E. 过去五年的盈余或亏损的情况；

F. 朋友或者同事的推荐；

G. 股价或净值下跌的危险性；

H. 分红的可能性。

(3)你会把5000元投入到下面的项目中吗？请分别回答“是”或者“不是”。

A. 有70％的可能性，你的资产翻一倍到10000元，而有30％的可能性把5000元都输光，是/不是；

B. 有80％的可能性，你的资产翻一倍到10000元，而有20％的可能性把5000元都输光，是/不是；

C. 有60％的可能性，你的资产翻一倍到10000元，而有40％的可能性把5000元都输光，是/不是。

(4)假设你要在下面两个基金中做选择,你会选哪个?每个基金都含有6只不同种类的股票,在过去12个月中,下表显示了每只股票的收益情况:

表2-2 基金A

股票	收益
A	15%
B	-8%
C	25%
D	12%
E	8%
F	-8%

表2-3 基金B

股票	收益
H	7%
I	6%
J	5%
K	4%
L	6%
M	2%

(5)如果你的10000元的投资亏了2000元,你会怎么办?

A. 割肉,卖掉基金;

B. 保留着,有50%的机会反弹,有50%的机会再损失2000元;

C. 不知道。

(6)假设你在一个基金上投资了10000元,但一个星期中亏了15%,你看不出是什么原因,大盘也没有跌这么多,你会怎么办?

A. 补仓,再投入,降低平均投资成本;

B. 清仓,把所有的基金都卖掉,然后投入到一个波动小的基金中;

C. 卖掉一半基金;

D. 等着价格反弹再卖掉;

E. 什么都不做(觉得这是正常的)。

(7)下表中显示两只基金在过去两年中每季度的收益情况，你选择买哪只？

表 2-4 收益情况表

季度	基金 A	基金 B
1	8%	4%
2	−3%	7%
3	13%	0%
4	13%	3%
5	−12%	3%
6	24%	1%
7	−5%	3%
8	9%	5%

(8)作为一个投资者，和其他人相比，你怎么评估你的投资经验？

A. 非常有经验；

B. 比平均水平高；

C. 平均水平；

D. 比平均水平低；

E. 基本没有经验。

表 2-5 评分表

1		A15 分	B0 分	C7 分		
2	A 题	A0 分	B1 分	C2 分		
	B 到 E 题	A2 分	B1 分	C0 分		
	F 到 H 题	A0 分	B1 分	C2 分		
3		是 5 分	不是 0 分			
4		A10 分	B0 分			
5		A0 分	B10 分	C10 分		
6		A15 分	B0 分	C5 分	D0 分	E10 分
7		A10 分	B0 分			
8		A20 分	B15 分	C10 分	D5 分	E0 分

表 2-6 评语表

0—11 分	请避免风险，买货币基金吧
12—33 分	低风险债券
34—55 分	高风险债券
56—77 分	股票债券混合式基金，大盘股票或者蓝筹股
78—99 分	股票和股票基金。如果低分的话，买大盘价值型股票；高分的话买小盘股票或者大盘成长股
100 分以上	去赌博吧

我希望每个准备投资的朋友都去做个测试。这里没有哪种分数段好，哪种分数段不好的问题。这只是个人心理对风险承受能力的一个评估。

6. 结论：选择基金的关键

每个人的情况都不同，投资期不同，心理风险承受能力也不同。投资基金没有放之四海都可以通用的标准模式，而只有适合每个人自己的模型。

你一定要明确自己的投资目标，如果你是为自己准备养老金，也许你还有 20 年到 30 年的投资期，而且你对投资的风险有足够的了解，心理承受能力也很强。那么你就可以充分利用长期投资的优势，去寻求最大的收益，同时完全可以承受短期波动对你心理带来的冲击。这时候，你如果投资开放式基金，你就可以大着胆子选择最激进的股票式基金，而且可以选择那些投资中小企业的“中小盘”股票基金，也就是所谓的最激进、风险最大、收益最大的基金。

如果你在为幼儿园的孩子准备上大学的教育费用，也许有 10 年多一点的时间，你就得稍微稳重点，例如选择投资大型企业的“大盘”股票基金。如果你对风险的承受能力不是很强，也许你就不能单单投资股票基金，同时还要再投资一些债券基金，以降低总体波动。

如果你的投资期只有5～10年，例如你已经50多岁，那你一定要选择更稳健的投资方式。就算你心理素质很好，你也不能把你所有的资产都投资到股票基金里面，必须持有一定比例的债券基金。

如果你计划在3～5年后买房子，债券基金可能就是你的重点，至少债券和股票基金各一半。

如果再短的投资期，恐怕就要选择低风险的债券基金甚至是货币基金。这样你的风险很低甚至没有，也就基本能保证在你投资期结束的时候你不会亏本。

投资不是冒险。希望的收益越大，承担的风险就越大。但并不是承担的风险越大，最后能得到的收益就一定大。你在短时间内投资股票基金，承担了很大的风险，但非常可能没有任何收益或者亏损。最终的亏损是谁都不想看到的，那你必须去平衡收益和风险，包括心理承受的风险。

还要记住一件非常重要的事情：如果你有一个长期的投资，却选择一个风险小，收益小的投资方式，也是非常非常不对的。就像咱们一辈子把钱存在银行里面而不投资，那肯定是很愚蠢的。

但你的投资期会有多长呢？你会说我还有20年才退休，或者我的孩子还有10年上大学，或者说我没有5年内使用这些钱的计划。但这其实都低估了你的投资期。你20年后退休，并不是你会一次性把所有的投资都赎回，甚至你也有退休后几年都可能不赎回，或者你会把投资作为一种遗产留给下一辈；上大学的学费也是一年一年地缴纳；而你五年以后的经济情况很可能会比现在好，投资很可能继续……所以，如果你只是按照你看得见的、确认的时期去计划你的投资，也许你会损失很多机会。

我虽然不推荐基金，但好多朋友依然要我来推荐或者评价组合。而且，一般的想法都是要推荐“激进的，涨得快的”等，说喜欢这种风格。非要推荐，我当然只能建议小盘基金。显然，他们一般的想法是这种激进会涨得快、收益大。

但“涨得快”只是这种基金的一种表现。激进的基金是涨得快，但也跌得快。这是必须明确的事情。激进并不意味着短期收益大，激进其实更意味着波动大，风险大。激进的基金只会在很长的时间才会表现出优势，而不是短期，除非你刚好赶上一个波段。这也就是所谓风险溢价，有风险才有溢价。

波动大、风险大就意味着你需要更高的风险承受能力。不仅仅是财务上的，也包括心理上的。如果你不能很好地评判自己的风险承受能力，一味地追求所谓的激进型基金，那很可能是事与愿违。广发小盘就是一个很好的例子。它是一个激进的基金，这和他的风格密切相关。涨得好的时候，很多人追捧；跌得快的时候，又会被唾骂。其实这就是他的风格，非常自然的一件事情啊。

别就盯着激进型的基金，关键看你承受得了不。别去叶公好龙，龙真的来的时候，又被吓着了。选择一个合适自己情况的投资对象，就可以把原来的风险化解，而获得理想的收益。

第三章
三步曲之二：基金品种的选择

通过第一步，咱们基本上清楚了该买什么类型的基金。但是，同种基金之间却有较大的区别，比如股票基金现在就有上百只，而 2006 年的收益率是从 50%到 180%，截至 2007 年 10 月底也是从 70%到 200%不等。如何从这些基金中发现优秀的基金为咱们服务呢？是不是收益率越高，基金就越“好”呢？诸如此类的问题一定会让我们觉得很困惑。显然，让我们自己把这近百只股票基金都好好研究研究是不可能的。好在有人专门在做这些基金评估/评级的事情，而且不止一家，比如晨星公司、理柏公司、中信基金、银河证券等等。在所有这些第三方评价中，我最喜欢的公司是晨星网站。

1. 最好的基金评价网站——晨星

晨星网站是指晨星资讯（深圳）有限公司的官方网站，它成立于 2003 年 2 月 20 日，是美国晨星公司（Morningstar，Inc.）在中国大陆设立的子公司,网站地址为:http://cn.morningstar.com。

晨星公司是世界非常著名的证券评估公司,不但评价各种开放式基金、封闭式基金,也对各种股票进行评价。除了在美国、中国设立公司评估证券市场外,还在澳大利亚、加拿大、芬兰、法国、德国、中国香港、意大利、日本、韩国、荷兰、新西兰、挪威、瑞典、中国台湾、英国等设立机构。所以可以看出完全是一个世界级的公司。可以说晨星公司是世界上最著名的投资资讯公司。晨星公司进入中国后,就成为中国这一领域的领头羊。虽然不少人对晨星公司也有微词,但它在国内的地位恐怕还是没有人可以撼动的。

中国晨星网站主要面向散户,"专注于帮助个人投资者做出正确的投资决策,通过客观全面的分析和比较,帮助他们确定完整的、合乎个人需求与特点的投资方案",因为晨星认为"个人投资者应当了解投资的过程和原则,在投资组合层面考虑投资策略和行为。因为能否实现适合个人境况和要求的理财目标,是衡量投资成功与否的唯一标准"。

"晨星坚持对证券和资产的基本面进行分析,并不预测股票价格等短期内的市场波动和走势,而是通过计算公司真正的内在价值,判定其市场价格是否背离了公司本身的价值;晨星自身并不进行基金和股票投资,这是凸显其评级和分析的独立性和客观性的首要保证。"

可见晨星公司的成功是由其理念来支撑的。中国晨星现在提供的数据分析和服务还远远少于美国晨星,而且也只涉及基金业务,但就是这点服务,依然确立了他在中国投资界的地位。

中国晨星提供的服务主要是对各个基金的评估和对基金相对情况的比较。我特别钟情于他的三个功能:(1)晨星评级;(2)基金龙虎榜;(3)基金投资风格箱。

(1)晨星评级。晨星的评级无论在世界上还是在中国都很具有权威性。投资基金却不知道晨星评级的人实在是非常可怜。当咱们谈论到一个基金是五星基金或者四星基金的时候,就是在讲晨星的评级。

中国晨星每个月的月初都发布一个评级报告,对所有成立一年以上的基金分类进行评级，分为五星、四星、三星、两星和一星。五星最高，一星最低。首先，晨星对我国所有的基金按照他们的标准进行分类，从2006年10月起，晨星将开放式基金一共分成七类：股票基金、积极配置型基金、保守配置型基金、普通债券型基金、短债基金、保本基金和货币基金，其中对头四项进行了评级，他们是股票基金、积极配置型基金、保守配置型基金、普通债券型基金。在投资总额中股票占70％以上的基金称为股票基金；债券在70％以上的，称为债券基金；而两者之间的基金称为配置型基金。这种分类方法和咱们国家略有不同。其次，对同类的基金进行排序，排序的标准是综合考虑业绩和风险，按照晨星自己的说法是考虑“风险调整后的收益”。我们知道收益是和风险挂钩的，高收益的基金意味着高风险。同样收益的基金，风险越小对投资者越具有吸引力。晨星有一套复杂的算法把风险折合成负收益，然后从净收益中扣除，也就是进行风险调整。然后按照风险调整后的收益对同类的基金进行排序，收益最高的排在前列。排在前10％的基金被授予五星基金，其后的22.5％的基金授予四星基金，之后面的35％的基金授予三星，再后面的22.5％是两星，最后的10％是一星基金。例如，2006年11月，按照晨星分类，有91只基金被列入股票基金，而其中的20只还不到一年，不进行一年期的评级。在参与评级的71只基金中，头7只基金就会被授予五星基金，其后的16只基金被评为四星，中间的25只基金评为三星，而最后的7只基金被评为一星基金。显然晨星评级是一个相对评级而不是绝对评级，而且每个级别的“名额”是有限的。所以，也许彼此的业绩差别不是很大，但却差了一颗“星”，尤其是有满一年的优秀新基金出现，就会占去一个名额，把同样优秀的老基金挤到下一个级别。

晨星不但对过去一年的综合业绩进行评级，对过去两年和三年的业绩也进行同样的评级。由于基金在我国还是一个新鲜事物，短期评级成了重点，而在美国晨星网站上，评级是按照三年、五年、十年来进行的，其基本思想是让投资者更关注长期的业绩。

(2)基金龙虎榜。首先在龙虎榜里面可以选择不同组别和分类的基金、不同公司的基金等等。在龙虎榜中包括:快照、业绩、投资组合、费用和状态五类。快照里面包括晨星两年评级、今年以来的回报、净值情况;业绩榜具体内容包括最近一周到最近三年的业绩、成立以来的总业绩,另外还包括标准差和晨星风险系数。投资组合里面包括晨星风格箱、股票债券的仓位以及基金规模;费用包括前后端申购费、赎回费、管理费和托管费,以及最小申购额度;状态是指现在这个基金是申购/赎回状态。这个龙虎榜其实看作一个所有基金的对比总表。

(3)基金投资风格箱。晨星投资风格箱是晨星公司独有的创造发明。它将每只基金的投资风格进行分类,而分类的基础是每只基金季报或者年报中公布的重仓股票。

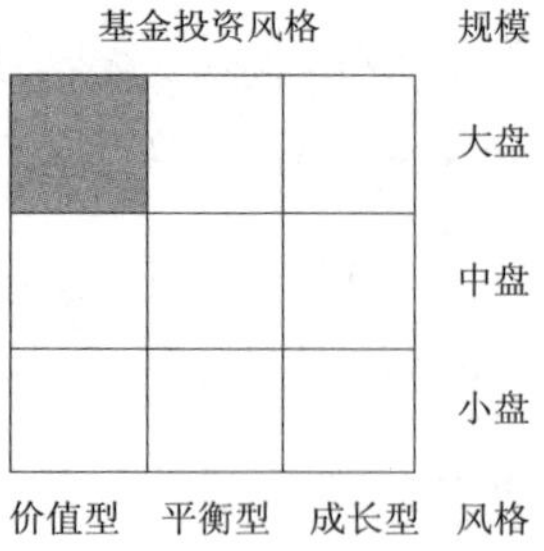

图 3－1 晨星投资风格箱

投资风格箱显示一个 3×3 的矩阵。纵项是投资股票的种类:大盘股票、中盘股票和小盘股票;横项是三种投资策略:价值型、平衡型和成长型。具体可以参见晨星公司网站上的“投资风格箱”的说明。

首先要明确的是大盘、小盘基金不是指基金本身的规模,而是指基金投资的方向,如果基金投资大盘股那就是大盘基金;如果投资小盘股,那就是小盘基金。和基金规模没有关系。一个 20 亿的基金也可能是大盘基金,一个 100 亿的基金也可能是小盘基金。

那什么是大盘股?什么是小盘股?不同的机构的区分是不一样的。

先看晨星标准。

股票规模分类:

对于国内A股上市公司,晨星按照总市值的规模将其股票划分为大盘、中盘和小盘三类。

具体划分标准如下:将股票按照其总市值进行降序排列,计算各股票对应的累计市值占全部股票累计总市值的百分比 Cum-Ratio,且 0<Cum-Ratio≤100%。

大盘股:累计市值百分比小于或等于70%的股票,即满足 Cum-Ratio ≤70%。

中盘股:累计市值百分比在70%~90%的股票,即满足70%<Cum-Ratio≤90%。

小盘股:累计市值百分比大于90%的股票,即满足 Cum-Ratio >90%。

这个定义并不容易看懂。其中最重要的一句话是:"将股票按照其总市值进行降序排列,计算各股票对应的累计市值占全部股票累计总市值的百分比 Cum-Ratio。"

还是举例说明吧。晨星把所有股票按市值从大到小排队。假如股票市值分别为5,4,3,2,1。然后累加起来就是5,9(=5+4),12(=5+4+3),14(=5+4+3+2),15(=5+4+3+2+1)。这样各个股票对应的累计市值的百分比 Cum-Ratio 就是33%,60%,80%,93%,100%。按照晨星分类那头两个(市值为5和4)是大盘,中间一个(市值是3)是中盘,最后两个(市值2和1)是小盘。

那再看广发小盘的定义:

每半年将对中国A股市场中的股票按流通市值从小到大排序并相加,累计流通市值小于总流通市值50%的股票归入小市值公司股票集合。

按照上面的例子,从小到大的排序就是1、2、3、4、5。那累计市值就是1、3、6、10、15。占总市值的比例就是6.6%、20%、40%、66%、100%。那对于广发小盘来讲,市值是1、2、3的为小盘,市值为4、5的为大盘。

由于分类标准不一样,在一些情况下,晨星分类的大盘股会被广发小盘分类到小盘里面。而且由于市场的变化,股票市值也会变化。原来的小盘股票可能会升值到大盘去，这就是广发小盘大量抛出洪都航空股票的原因，也就是所谓的热闹一时的洪都事件。因为广小定义它们持有的小盘股票必须超过 80%，当小盘股涨成大盘股的时候，只好抛出。

小盘股票的投资是有些困难的，越小盘的股票越难投资。所以我猜想广发小盘更多的是投资在它们定义的小盘的极限上，也就是偏大的小盘。这就是为什么广发小盘很多时候被晨星分类到大盘基金里面的原因。

同样，价值型基金或者成长型基金都是指基金投资的股票的类型，就是投资价值股的基金叫价值型基金，投资成长股的叫成长型基金。那什么是价值股？什么是成长股呢？

咱们先不说股票投资，先说投资二手房。如果投资二手房是为了转手再卖获得利润的话，一般有两种房子会考虑。

第一种是房子一般、地段也一般、装修还是一般，但和同类的房子相比，它价格低啊！可能是原来的房主急需现金，结果把房子打折出售。原来 40 万元的房子，只卖 20 万元。呵呵，这可是个便宜货啊，当然有投资价值啊。

第二种是价格不打折，但是房子新、地段好、装修豪华，也就是说具有巨大的升值潜力。虽然这房子开价就是 80 万，但还会涨啊。那这种房子也有投资价值。

如果把上面的房子改成股票，第一种房子就叫价值股，第二种房子就叫成长股。投资第一种房子的就叫价值投资，投资第二种房子的就叫成长投资。

股票是有销售价格的，但也有内在实际的价值。但如果价格低于价值，也就是股票在“打折”销售，那这种股票就叫价值股，也可以说这是一种“便宜的”股票。不过，咱们可以认为最终股票的价格会回归到股票的价值上去，或者说真实价值将被市场接受，也就是不会永远打折销售，股票价格最终会涨上去的。这就是价值投资的基本思想。

持有股票实际上是对企业的拥有权。如果一个企业持续健康发展，利润不断增加，那它的股票自然就会涨上去。看准了这种公司的股票去投资，那自然就会赚钱啊。这就是成长投资。

显然，这两种投资思想都是很有道理的。这就是股票投资的两大类型。

价值投资的鼻祖是巴菲特的老师格雷厄姆，而成长投资理论可以说从费雪开始。巴菲特说他自己是“85％的格雷厄姆加15％的费雪”。也就是说，巴菲特是一个价值投资和成长投资的综合。

但这两种投资思路也各有各的困难。

对于价值投资，怎么定义股票的实际价值就是一个大问题。不同的人用不同的方法对公司的内在价值进行评价，结论不一样。这就直接影响到对是否投资的评断。

对于成长投资，如何预测公司会有很大的潜力(成长性)就是一个大问题。也就是说咱们怎么能看准这个公司将来的利润会节节高，会给股票持有人赚钱。其实如果看准了，即便现在的价格比价值还高，那也没有关系啊。

一般来讲，价值投资的风险比成长投资的风险低点。价值投资是投资在打折的产品上，成长投资是投资在未来的收益。美国网络股的泡沫实际上就是对股票的成长性过于乐观的估计而造成的，虽然当时大量的网络股还没有赚钱，但当时最时髦的一句话是“利润不是问题”。

不过很多大师并不这样狭义地区分价值股还是成长股。巴菲特说过把股票分成价值和成长是愚蠢的。

其实对股票的评价根本是看有没有投资价值，也就是能不能赚钱。无论“价值股”也好，“成长股”也好，核心还是能不能给我们带来收益。看到过一本书，把巴菲特、格雷厄姆、费雪、林奇全部称为价值投资大师。这话也不错，因为他们都能发现股票潜在的价值，最后给投资人赚钱。我想这是核心。

晨星是把每个基金都分成狭义的价值型、成长型或者平衡型，它用“衡量价值一成长定位的10项因素”来判定。但我相信基金公司的模型更为复杂。并不是任何一个股票都可以定义为价值型或者成长型的，否则不是所有的股票都有投资的价值了？

大师的高明之处就是能看到股票背后的东西，基金经理也是吃这碗饭的。这就是所谓的基本面分析。相对应的是股票的技术分析，那更多的是用以前的数据来预测将来的发展。近十多年，技术分析好像越来越不时髦了。

相对而言，价值投资策略比成长投资策略风险小，而投资大盘股比投资小盘股风险小。风险在晨星投资风格箱中从上到下、从左到右递增。同时投资成长股或者小盘股，风险大最终收益会大。也就是说在整个风格箱中，左上角大盘价值投资型基金是风险最小，收益最小；而右下角小盘成长型基金是风险最大收益最大。例如广发基金公司的广发小盘成长基金和计划要发布的广发大盘成长基金相比，广发小盘的激进程度就比广发大盘高，那长期投资可预见的收益也要大。

上述三个部分，是我认为晨星网站中最具有价值和特色的部分。对我们的投资有非常好的指导作用。另外一个就是晨星在2007年推出的"组合透视"功能。咱们可以把自己的组合放在晨星网站的透视功能下，晨星就会给出一个当前组合的风格箱。其实只要理解了风格箱的含义，就很容易体会到透视功能的作用。当然晨星网站上还有许多有用的信息可以供大家参考，而且也在不断更新和完善。不过，从2007年改版后，有些功能的使用是要收取费用的，比如组合透视功能。总之，晨星网站是一个非常好的网站，晨星公司也是一个非常权威的投资资讯公司，充分利用晨星的信息是一个成熟的投资者必备的手段。

2. 优秀基金公司是首选

晨星公司给我们提供了一个非常好的基金分析平台。在这个平台上我们几乎可以得到我们希望得到的所有信息。但即便是五星基金，也给了我们很大的选择范围。而且，基金的评级是一个月一评，随着时间的变化，基金的等级总有变化。全部选择五星基金，而且跟着评级来调整持有的基金是一个办法，但不是一个好办法。在基金之间跳来跳去，就像是在买票窗口的排队中间跳来跳去一样，经常得不到一个好的结果。所以我们必须在选择基金的时候就开始下足够的功夫。

我们投资的是独立的基金，但每个基金后面都有一个基金公司。基金表面上是由基金经理来掌控，而实际上每个基金后面都有一个庞大的研究团队，包括决定投资的行业、股票范围的投资决策委员会、投资总监、研究员，他们通过研究给基金经理提供一个用于投资的“股票池”；还有进行风险控制、防止失误的风险控制委员会、督察长、督察稽核部，他们对投资环节进行严格的风险控制和实时监控。而基金经理主要是负责资产配置、构建投资组合。我很喜欢这种形容：如果基金公司像一个足球队，那基金经理是前锋，研究员是中场，而风险控制是后卫。基金公司的总体实力是由各个部分构成的，每个部分都非常重要。

一般来讲，基金公司对投资都有一套严密的程序，但对于我们局外人来说，内部的流程和投资思想并不容易看到，我们所能评估的也就是它们产品的情况。一花独放不是春，百花齐放春满园。一个基金公司有一支明星基金并不奇特，但如果所有基金综合情况都比较优秀，那是不是可以说，这个公司的综合实力要比其他公司强呢？根据这一思想，咱们依然采用晨星评级，根据一个公司下属的所有基金的评价等级来对基金公司的总体情况进行一个评判。

例如广发基金公司，2006 年 9 月有三只基金参加晨星评级，它们是广发小盘成长、广发稳健和广发聚富基金。它们全部在各自的类别中被评为五星基金。那我就认为，平均下来，广发基金公司的评级就是五星。到 2006 年 10 月，广发稳健和广发聚富基金掉落一个星等，均被评四星，广发小盘基金仍然是五星，而这样广发基金公司 10 月的平均成绩为 4.3 星等。

对于几家主要的基金公司，来看看近两个月的情况：

表 3－1　2006 年 9 月部分基金公司综合业绩

基金公司	五星基金个数	四星基金个数	三星基金个数	二星基金个数	一星基金个数	参评基金总数	平均星等
广发	3					3	5.0
上投摩根	1					1	5.0
易方达		2	1		1	4	3.0
华夏	1	2	2		1	6	3.33
富国	1	2		1		4	3.75
景顺长城	1		2	1		4	3.25

表 3－2　2006 年 10 月部分基金公司综合业绩

基金公司	五星基金个数	四星基金个数	三星基金个数	二星基金个数	一星基金个数	参评基金总数	平均星等
广发	1	2				3	4.33
上投摩根	2					2	5.0
易方达		1	1	2		4	2.25
华夏	2		1	3		6	3.17
富国		3		1		4	3.25
景顺长城	1	2	1	0		4	4.0

从这两个月的情况来看，上投摩根和广发基金公司占有相当的优势，两个月的平均评价分别是 5 星和 4.7 星，而其他基金都不到 4 星。上投摩根和广发基金公司也是目前最热门的基金公司，我想这是和他们的业绩分不开的。从我个人来讲，我也非常喜欢这两个公司，它们的基金构成了我自己投资的核心部分。

上述对基金公司的评价方法也许并不是一个非常科学的办法。比如有些公司参评的基金很少或者很多，有些公司的基金都集中在一个基金分类里面，而有些公司则覆盖从股票到债券所有类型的基金，另外晨星评级的“名额”也会让收益相差很小的两支基金分属不同的级别，这些都会在不同的程度上影响评价的评级结果。但至少这种平均是一种方法，可以“定量”地看待一个基金公司。

我一直认为,在我国现在的情况下,选择一个好的基金公司甚至比选择一只基金更重要。综合业绩当然是要考虑的一个重要方面,但基金公司的服务也是我们必须考虑的另外一个方面。我们把我们的资金让基金公司帮我们投资,首先一条是我们必须相信这个公司会尽心尽力为我们服务,这是最基本也是最核心的要求。在股票选择上的失误或者在风险控制上的缺憾都会影响我们的收益,但基金公司管理是否规范、是否可靠,更是我们需要关注的问题。如果一个基金公司陷入某种丑闻或被揭发出违纪违规现象,这就需要给予高度重视了。无论是什么类型的违规操作,请你一定相信,咱们在这些操作中一定是受害者而不是受益者。

在此也顺便说一下基金经理的问题。基金经理是操控一只基金的核心人物,他的专业水准直接影响到我们的切身利益。一般来讲,考察一个基金经理的重要指标就是他的从业时间。你千万不要相信一个刚刚毕业的投资专业的博士生会比一个在市场上摸爬滚打了七八年的本科毕业生更会打理你的钱财。投资很大程度上是由经验来构成的,一个理想的基金经理应该同时具有股市上升(牛市)和股票下降(熊市)的投资经验,一个理想的基金应该是被同一个基金经理运营较长的时间。也就是说一个经验丰富的基金经理经营了较长时间的基金是一个好的选择,但这在中国的基金业是比较难找的。一是咱们国家的基金发展历史并不长。二是由于各种原因,基金经理的稳定程度也不够高。要注意的是无论在什么基金评级体系里面,基金经理的更迭都不会直接影响基金的评级。这样,如果一个基金经理离任,那你恐怕就要对这个基金加倍小心。新的基金经理是否可以延续老基金经理的投资策略和投资手法就是一个咱们必须关注的问题。比如 2007 年沸沸扬扬的一个事情就是上投摩根基金公司的投资总监兼上投优势基金经理的吕俊的辞职风波给上投摩根的持有人就有一个沉重的打击。基金经理是在本公司内部的工作调整还好说,如果是那种完全跳槽到另外一个公司,对这个基金本身的情况就会有较大的影响。不过那些喜好跳槽的基金经理也不是我所喜欢的经理。

总之，基金公司和基金经理都是我们需要首先关注的对象。

3. 资产配置比率：选择基金的核心

选择了一个好的基金公司，下一步自然就是在好的基金公司里面选择适合咱们的“好”基金。

咱们都知道有不同类型的基金，股票基金、配置基金、债券基金和货币基金之类，也知道这些基金风险从高到低，长期收益率也是从高到低。但在中国市场上，似乎并没有一个“纯正”的股票基金，几乎所有的股票基金在投资股票的时候，也投资一些其他的领域，只是比例份额多少不一。比如按照晨星的分类，投资股票占总投资70%以上的基金都归类于股票基金。但显然投资95%股票和投资70%股票的基金之间会有不小的区别。股票投资越多，长期收益就越大，波动当然也越大。例如，上投基金公司发行的股票基金有三只：上投先锋、上投优势、上投阿尔法基金，它们之间到底有多少区别？为什么咱们会说这三只股票基金会比上投双息基金要激进？又比如上投阿尔法基金和广发聚丰基金、广发聚富基金之间哪个更激进、哪个更保守呢？

通过“投资风险心理承受”的测试，你大概知道你希望的基金是什么样，所以你必须去了解基金的特性，才能取得风险和收益之间的平衡。

基金的特性主要取决于两个方面，一个是投资策略，也就是会选择什么样的股票，一个是资产配置，也就是一个基金中股票和债券的比例。投资策略是很重要的问题，但说老实话，我看了很多基金的策略，并没有看出太多的名堂，而且在国内的股票市场，你也很难严格地讲股票分类，比如什么是价值型股票，什么是成长型股票。那对这件事情，我的心得是就由基金经理去考虑吧。

但有一点我们是可以把握的，就是资产配置的问题，资产配置很大程度上决定了基金的激进程度，而且资产配置是在基金发行公告里面公开披露的，并且是要由基金经理严格遵守的。

先以上投基金公司的基金为例。

上投基金公司到目前发行三只股票基金：上投成长先锋、上投阿尔法、上投中国优势基金。哪个更激进？也就是哪个风险更大而收益更多？其实这些可以从基金公司公开的基金招募说明书看到，只是恐怕没有几个人去看那东西。在招募书中明确写明：

上投先锋基金："本基金投资组合中股票投资比例为基金总资产的70%～95%，债券及其他短期金融工具为0～30%，并保持不低于基金资产净值5%的现金或者到期日在一年以内的政府债券。"

上投阿尔法基金："本基金投资组合中股票投资比例为基金总资产的60%～95%，其他为5%～40%，并保持不低于基金资产净值5%的现金或者到期日在一年以内的政府债券。"

上投中国优势："本基金投资于股票的比例为基金资产总值的30%～95%，投资于债券的比例为基金资产总值的0～50%，但现金或到期日在一年以内的政府债券不低于基金资产净值的5%。"

现金和政府债券是为了确保正常基金持有人赎回而保留的，一般都不能低于5%，否则基金就得抛售股票换取现金，这样就大大影响了基金的投资收益。所以股票最大的比例就是95%。显然股票比例越大，风险和收益就越大。从这点上就可以看出，当市场情况好的时候，也就是我们所说的"牛市"，上投先锋、阿尔法和中国优势都有可能全部持有股票，从而获得牛市股票上涨的好处。但上投先锋股票的下限是70%，阿尔法是60%，中国优势是30%，也就是在熊市（股票市场下跌）的时候，上投先锋也必须保留70%的股票，阿尔法要保留60%的股票，中国优势则只保留30%，其他的资金要么投资债券，要么持有现金。熊市股票下跌，当然股票份额越多，跌得就越多。所以上投先锋比阿尔法要激进，上投阿尔法比中国优势要激进。

再来看看上投双息平衡基金："在正常市场情况下，本基金投资组合中股票投资比例为基金总资产的20%～75%，债券为20%～75%，权证的投资比例为基金净资产的0～3%，并保持不低于基金资产净值百分之五的现金或者到期日在一年以内的政府债券"，"在极端市场情况中债券投资最高比例为95%，股票投资最低比例为0"显然这是一个平衡基金，它肯定比中国优势更平稳，当然长期收益也会低。

再看广发基金公司的几只基金。

广发聚丰基金：股票比例为60%～95%，债券比例为0～35%。

广发聚富基金：股票比例为20%～75%，债券比例为20%～75%；

广发稳健基金：股票为30%～65%；

广发小盘基金：股票为60%～95%，债券为0～15%；

广发策略优选基金：股票比例为30%～95%，债券比例为0～65%。

广发小盘主要投资中小盘股票，所以虽然它的股票持有率和广发聚丰相同，但依然比广发聚丰激进。广发策略优选也是一个平衡基金，它的股票和债券的持有率跨度很大，按照广发公司自己的评估，广发策略是介于广发聚富和广发稳健之间。这样从基金的激进程度看，如果从高到低排列，广发小盘最高，然后是广发聚丰、广发聚富、广发策略和广发稳健。

对比两个公司，咱们也可以看出，广发聚丰和上投阿尔法基本在一个风险和收益水平上。

咱们可以自己比较各种基金，这样也就知道哪些基金是咱们所需要的。要注意，即便是同种风险收益水平的基金，也不意味着同涨同跌，只是从长期来看，风险和收益应该在同一个水平上面。

显然，不同配置的基金收益和风险都是不一样的，也就是说你不能单纯地比较两个基金的收益，比如拿上投双息和广发聚丰来比较，因为这样比较是没有意义的。短期来看，上投双息也许会比广发聚丰收益好，但从长远来看，广发聚丰一定比上投双息涨得多。这是由资产配置决定的，而资产配置比例是在基金招募书中严格规定的,如果要修改也必须先更新基金招募书。基金招募书是基金的“宪法”。

4. 技术统计资料:选择基金的参考

基金的配置从根本上决定了基金的风格,但基金运作统计资料是不是也会反映同样的问题呢?答案是肯定的。

中国晨星网站有成立一年以上基金的主要数据。晨星除了每月进行星级评定以外,还给出了这些具体数据,用来给投资者进行参考。事实上从这些数据里面可以看出比单纯评级更多的东西,只是很少人去看它们,去理解它们的意义。

在基金投资中,应该最关心两个东西:收益和风险。收益比较好测量,从晨星网站上的收益排行榜很容易可以看到一周、一个月、三个月、六个月、一年,甚至两年的收益情况和排名。

但风险怎么量化呢?虽然晨星排行榜上也有风险一栏,到底两个资产配置基本相同的基金哪个更激进?哪个更稳健呢?如何在收益和风险之间选择平衡呢?是不是有更多的统计数据可以让咱们参考呢?答案也是肯定的。

在中国晨星网站上,无论你通过什么方式搜索到一只基金,都有“风险评估”一栏。如果是一只一年以上的基金,也就是参加评级的基金,在这项里面会有六个指标:平均回报、标准差、夏普比率、阿尔法系数、贝塔系数和R平方。

举个例子,按照晨星公布的截至2006年9月22日的统计数据,看三个我喜欢的基金:中国优势、广发聚富和广发小盘。

表 3－3　三个基金的统计指标

	中国优势	广发聚富	广发小盘
平均回报	105.97%	92.76%	112.45%
标准差	28.12%	20.39%	26.84%
夏普比率	2.51	3.13	2.74
阿尔法	26.84	35.39	35.80
贝塔	1.14	0.81	1.04
R平方	0.67	0.66	0.63

说老实话，这些数据的具体定义非常枯燥，而且怎么算出来的我也不清楚，恐怕只有专业人士才知道。但基本能明白比较这些数字能看出什么，这对投资散户才是重要的。

平均回报我想是按照该年到统计时的数据去推算一年的总回报。从这三个基金的收益来看，广发小盘最好，中国优势次之，广发聚富最差。当然是总回报越大越好。

标准差是表现基金的增长率的波动情况，也就是平均涨跌幅度的变化。标准差越大，说明基金收益的变化越大。显然中国优势波动最大、广发小盘次之、广发聚富最小。波动反映短期风险，显然中国优势短期风险最大，而广发聚富最平稳。

夏普比率是综合了收益和风险的系数，基本上是收益除以风险。数字越大，说明收益和风险比越高。夏普比率高，也就是说在收益相同的情况下波动就低；反之，风险相同的情况下收益就高，也就是高收益低风险。在这三个基金中，广发聚富最好，广发小盘次之，中国优势最差。当然收益小风险也小的基金，很可能夏普比例也高，例如债券基金。所以，比较夏普比率一定要在同类基金中进行比较。

从中可以看出，对于这三个基金，如果你喜欢高收益的，选择小盘，如果你喜欢平稳的，选择聚富，如果要在收益和风险中得到一个平衡，也选择聚富。这个结论基本上和从资产配置上得到的结论是一致的，其实这本来就是因果关系啊。

阿尔法系数是代表基金能在多大程度上跑赢整个市场，也就是我们所说的大盘。当然是数值越大越好，也就是说基金的收益能超越市场。比较下来，广发小盘跑得最快。

贝塔系数也是表现基金相对于大盘的波动情况，如果是一个指数基金，那贝塔系数就是1，因为指数基金是完全按照大盘情况来设置的。贝塔比1大，说明基金比大盘波动还要大，也就是短期风险比大盘还大；比1小，说明比大盘波动小，风险比大盘小。中国优势波动最大，聚富最小，甚至比大盘波动还小，也就是比大盘还平稳。

R平方代表基金和大盘的相关性，如果是1，表示和大盘完全相关。其实R平方和1相差很大，贝塔系数就没有什么意义了。

简单地说：回报和阿尔法都代表收益，当然越大越好；标准差和贝塔代表波动，也就是短期风险，数值越小基金表现得越平稳。夏普比率是收益和风险两者的综合，在收益或者风险相同时，越大越好。

要再次强调的是：在同类基金中必须进行比较，也就是相对于同样的资产组合标准。用股票基金和债券基金去比较是没有任何意义的。而且这些系数彼此得到的结论有时候是不统一的，甚至不同基金评估公司算出来的数据都不大一样，但从这些数据中还是可以看出一些眉目来。

再来看看2006年表现不太好的一只股票基金——万家公用事业：

平均回报：　26％
标准差：　16％
夏普比率：　1.27
阿尔法：　－7
贝塔：　0.69
R平方：　0.72

可以看出，万家公用事业的回报远远低于前面说的几个基金，但波动比广发聚富还平稳，也就是短期风险小。可只是波段平稳没有收益有什么用？也可以看出夏普比率就很低。而阿尔法系数居然是个负数，也就是落后于大盘。

当确定了投资方向和风险承受能力后，当咱们具体想比较几只基金，优中选优的时候，比如到底是中国优势还是广发小盘，还是富国天益，还是易方达策略的时候，这些指标会给咱们一个很好的参考。

不过，咱们国家的基金发展的时间还很短，而这些数据都是统计得来的，可能还不具备太大的代表性和权威性，但至少是个选择基金的参考啊。

5. 别患“净值恐高症”

当面对一堆基金的时候，当准备购买基金的时候，突然会发现不同的基金的“价格”居然相差很多。我们知道开放式基金的买卖价格就是基金的净值。新发行的基金一元一份，而一些老基金一般一份在一元以上，甚至还有一份两元以上的。这马上就会给我们带来一个问题，买哪种基金合适呢？10000 元可以买 1 元的基金 10000 份，买 2 元的基金只能买 5000 份。而且，2 元的基金都涨了那么多了，从 1 元涨到了 2 元，已经涨了 100%，还能再涨上去吗？还能有上涨空间吗？1 元的基金多便宜，而且本来就只有 1 元，跌还能跌到哪里去？现在买的份数多，以后分红也会多啊。还有很多类似的问题，而且这些问题似乎都非常合理，都明确地让你感到买便宜货当然是首选。

事情果真是这样吗？真的是基金净值越高风险越大吗？咱们应该患“净值恐高症”吗？我的观点恰恰相反，我是“净值恐低症”。

先假设两个开放式基金，它们采用同样的投资策略、同样的投资组合、在同一时候保持同样的股票仓位，甚至同样的基金经理，也就是基本上同样的基金。但它们重要的区别是净值不一样：基金 A，现在净值 1.5 元；基金 B，净值 1.1 元。

当手上有10000元的时候，可以买到6667份A基金，9091份B基金。显然买了基金A比买基金B少了2400多份。

但由于同样的投资方法，甚至买同样的股票。一年以后，基金A拥有的股票涨了10%，净值到了1.65；基金B同样也涨了10%，净值到了1.21。总资产价值是持有份额和单位净值的乘积，那如果咱们当初持有6667份基金A，总价值就是6667×1.65=11000元；如果持有9091份基金B，总价值是9091×1.21=11000元。无论持有基金A还是基金B，最后的基金总价值都是11000元，都是赚了10%。这两支净值不同的基金，如果投资方式一样，那咱们无论购买哪只基金，都会一起涨、一起跌。

一样的投资方法，就意味着同样的收益率，也意味着同样的风险。收益只和你的投资总额和单位基金的涨跌比率有关，和净值高低以及份额多少没有关系。

有时候有人会用绝对净值增长率来看问题，说如果净值1元和净值2元的基金各涨1毛，净值1元的收益是10%，而净值2元的基金才是5%，当然是买净值1元的划算啊。其实这就是没有搞清楚在同样投资方式下，净值的增长是按相同比率而不是相同绝对值来进行的。给大家一个例证：随便选择美国三只指数基金，它们都是追踪美国标准普尔500指数，所以投资策略、投资风格、股票仓位都是一样的。唯一不同的是它们成立的时间不同，当前的最终净值也就不一样。

表3－4　三只SP500指数基金的比较

基金名称(代码)	2003年1月2日净值	2006年11月8日净值	增长率
United Association S&P 500 Index I (UASPX)	6.16	10.2	65%
Morgan Stanley S&P 500 Index A (SPIAX)	9.43	15.06	60%
Vanguard 500 Index (VFINX)	78.67	127.55	62%

可见，虽然它们的净值有很大的差别，从10美元到120多美元不同，差距10倍，但净值增长率基本相同（细微的差别是由管理费不同造成的）。也就是说，这三只基金里面，无论你投资哪支，情况都差不多，而且它们的风险也一样。

净值是由基金的总资产除以基金的总份额得到的。基金公司经营得好坏就是看总资产的增长情况。总资产的增加有两个方面，一个是基金份额的增加，一个是单位份额价格的提高（也就是基金净值）。撇开基金总份额的变化，假设一个基金没有新申购也没有赎回，那总资产的变化就单单反映在净值的变化上面，资产增加，净值就高，资产减少，净值就低。也就是运行好的基金，净值就高，不好的基金净值就低。比如两个同期成立的基金，而且都是股票基金，都经过一年的运行，一个净值涨到1.1，一个净值涨到1.5。也就是在这一年里面，一个赚了10%，一个赚了50%。你说哪个基金好？哪个值得你再投资？所以我是“净值恐低症”。

那净值的增长有顶吗？结论是净值没有顶。其实股价也是没有顶的，只要这个公司不停地赚钱，股价当然也就不停地上涨（短期由于投资者心理和政策变化带来的波动不算）。

净值越高风险就越大吗？基金公司是一个投资公司，只是专门投资证券而已。投资越好，总资产就越多，净值也就越高，咱们的收益也就越大。你会说一个投资公司总资产越多，经营得越好，风险就越大吗？显然不会。总资产没有顶，基金的净值也没有上限。

为什么会产生“净值恐高症”，是因为咱们把对股票的理解加到了基金头上。基金公司的操作实际上是在低价位的时候买入一只股票，当股票涨到一定的时候，股票的风险增加，基金公司就卖出，风险也就跟着卖出。资产从股票变成了现金，净值没有降低。卖出以后，基金持有股票的风险就没有了，因为手上全部是现金，哪里有风险？这时候再买入低价格的股票，再等着涨，风险高了，再卖出。结果总资产在增加，净值也在增加，但风险并不随着累计。

所以基金的风险是基金手上的那些股票的风险,股票越多,风险越大,因为股票短期波动是很大的,但这和基金净值绝对值的高低没有关系。

前面举的美国一个很著名的基金——先锋标准普尔指数 500 基金(Vanguard 500 Index),现在的净值是 127 美元,但在 20 世纪 80 年代末创立的时候是 20 美元。我想也许几十年以后,中国也会看到净值 100 元的基金,这并不是不可能的。

再举一个例子,同是富国基金公司的基金。富国天益基金 2006 年 9 月 3 日净值是 1.0368 元,而富国天利基金净值则是 1.0925 元。富国天利基金的净值比天益高,富国天利是债券型基金,而富国天益是股票基金,富国天益的风险要远远高于富国天利。所以也可以看出净值的高低和风险、收益都是没有关系的。购买基金的时候,基金净值高低根本不是一个应该考虑的因素。只要明确了净值的计算方法和基金购买股票、债券的运行方式,就不会担心净值的问题,当然也不会相信基金净值不会低于 1 元的"神话",事实上在 2007 年几次大的市场调整的时候,不少新基金或者刚刚"净值归一"的基金净值都跌破过一元。

6. 要抢购新基金吗

净值"恐高症"的最明显表现就是抢购新基金。

随着基金业的发展,大多数基金公司每年都成立一些新的基金(按照咱们国家现在的规定,一个基金公司每年可以成立两只以下的新基金)。2006—2007 年,新基金的销售可以说是火爆异常。几乎所有的基金都被抢购一空,而且很多基金不得不提前结束销售。产生大量规模巨大的基金，比如广发策略优选基金，销售规模接近180亿元，嘉实策略则达到400亿。一些基金公司也试图限额销售新基金，但几乎所有基金都突破限额。2007年春季以后，几乎所有的新基金都得采用限量配售的办法来控制规模，但100亿元以上的新基金随处可见。其实新基金巨大的销售额，会给基金公司带来巨大的效益。一般新股票基金的认购费用是1.2%，那么一个100亿元的基金，光认购费用就有1.2亿的收益。同时基金的管理费用更为庞大，按照1.5%计算，每年的收入就达1.5个亿。显然火爆的新基金销售，会让基金公司眉开眼笑。

但新基金到底会给投资者带来什么好处呢？投资者真有必要去抢购新基金吗？答案是否定的。

(1)先来看看新基金的基本特点。基金公司在发售新基金前，会公布基金招募书并任命基金经理，同时一些新基金也会设定一个大概的发售规模，以防止销售规模太大，因为太大规模的基金在管理和运作上都有些问题。购买新基金的标准说法是认购新基金。认购新基金的价格都是1元/份，基金的认购费用也比基金成立以后的再申购费用要低，比如股票基金的认购费1.2%，而申购费一般是1.5%。新基金认购结束后，一般有少于3个月的"封闭期"，也叫基金"建仓期"。在封闭期，基金公司和基金经理拿着这笔钱就开始按照基金招募书规定的投资策略和基金备案条件逐步投资证券市场，这称为"建仓"过程，也就是把基金的股票"仓库"建立起来。为保证基金顺利建仓，任何人在封闭期内都不能赎回已经认购的基金，也就是不能把钱拿回来。简单说：新基金的特点是"便宜"，缺点一是有封闭期，再一个是新基金没有历史。咱们并不知道这个基金、这个基金经理到底怎么样，当然也不会有晨星评级，不会有任何统计资料可以供我们参考。

我将认购新基金比喻成"指腹为婚"。

为了不误解，必须先说明：老基金当然是指优秀的老基金，是那些经过封闭期，又经过几个月到半年，甚至一年的考验的优秀老基金。而新基金，主要是指开始认购的基金。

在认购新基金之前，应该知道点什么呢？肯定是关注一个优秀的基金公司，也关注这个公司下面的其他老基金，还关注新基金的基金经理是谁，也许还会关注这个新基金的投资理念。

再回到我的比喻里面，基金公司就像是一个大家庭，优秀的基金公司就像有殷实的家业、优良的家风、良好的教育的大户。那个新基金还是一个未出世的孩子，而老基金当然是已经长大的孩子们，是新基金的兄弟姐妹。新的基金经理就像父母，他直接掌控着新基金的命运。而新基金的投资理念，更像孩子的优生优育和未来的培养计划政策。

但对于这个未出世的孩子，咱们其实完全不知道他长大以后会是什么样。那么去购买一个新基金，不是和“指腹为婚”没有多大区别吗？咱们当然希望这个孩子长大以后能随咱们的心愿，可谁能保证这点呢？其中的风险不言而喻吧。

新基金的确有一个优势，购买成本低也就是净值低，只是一元。这样相同的资金可以买到更多份额的基金。这是不是像订婚的聘礼啊？“指腹为婚”的时候，聘礼肯定少啊。等人家到了如花似玉的年龄，再去打主意，那当然得多花点功夫啊。

为了早点把自己的孩子嫁出去，那一大家子（基金公司）就花了很大的工夫包装这个未出世的孩子。认购费比申购费低，投资策略也很吸引人，但像俗话说的那样“是骡子是马，拉出来遛遛”才知道。

所以必须意识到认购新基金的风险。诚然可以选择优秀的基金公司、老练的基金经理和非常有说服力的投资策略，但新基金仍然是新基金，在所有东西都没有磨合好之前就匆忙购买，我不认为是好的选择。

(2)新基金有三个月的封闭期。没有人能预料这三个月市场的行情是什么样。如果市场是在一个高位或者没有很多理想的、可以投资的对象的时候，基金经理依然不得不建仓，去购买股票，这同样是个风险。开放式基金本来是一个流动性非常好的投资对象，可以随时购买、随时卖出。但封闭期就使这一优势在这段时间中荡然无存。定期存款还可以提前支取，最多损失一些利息，但基金的封闭是什么操作都不能执行的。万一咱们有什么急需，也只能眼睁睁地看着那些钱不能动。

新基金是比老基金便宜，但我觉得为这点收益而冒一些风险是不值得的。

有人把新基金和股票中的原始股相提并论，这也是很不对的。国内很多人去炒新股，所以把炒新股的概念也转换到新基金上面来，这也是大大的误区。新股很可能在被市场检验前，价格大大低于价值，但新基金完全就不存在这样的机会。

又有人说"牛市买老基金，熊市买新基金"，这其实也没有道理。

牛市里面，老基金收益大，好像大家容易认同。但最重要的原因其实是老基金的股票仓位高，这样股市一上涨，当然收益就明显。一个满仓的老基金，很容易大盘涨5%，它也涨5%。新基金才开始建仓，股票仓位很低。比如一个10%仓位的新基金，大盘涨5%，它的净值也许只涨0.5%，当然跑得慢啊。为什么新基金要一个封闭期？就是为了建仓。在建仓的过程中，当然不希望有赎回，影响整个基金的运作，所以封闭。即便过了封闭期，其实新基金的仓位也很低，一般也就30%～40%，而老基金70%～80%的仓位是很常见的。所以老基金就容易享受牛市带来的收益。

再看熊市：对老基金，显然大盘跌5%，它也会跌5%左右，激进一些的基金会跌得更多。那新基金却跌得少，这也是显然的事情，原因还是股票仓位的问题，而不是基金新旧的问题。

所以，核心还是基金中持有股票份额比例的问题，而不是新旧的问题。

首先，咱们能判断市场是牛还是熊吗？这本质上变成一个市场预测的问题了。怎么知道市场要变成牛或者熊？当咱们发现市场已经变化了，恐怕也就来不及了。换句话说，如果咱们真能预测到市场变熊，那当然是什么股票基金都不买，持有现金是最好的方法。等到市场到了最低点，再进入。不过这只是个梦想而已。据说广发有10万投资人,2005 年在最低点那天申购基金的只有三人。咱们会是这十万分之三的人吗?

其次,如果你买了个新基金,过了三个月的封闭期,逐渐仓位起来了。当仓位和老基金在一个水平上的时候,新基金也就和老基金没有什么区别了,大盘跌,它也跌啊。你所希望的新基金优势也就没有了。

总之,新基金所谓"抗跌"的优势完全在于仓位低的缘故。如果一个老基金把仓位降下来,和新基金一样抗跌。这也就是为什么大多数基金的仓位都有一个幅度的原因,比如广发聚富,最低股票仓位可以到 20%。这就是为了在熊市抗跌。

股票仓位低,现金或者债券多,当然抗跌。最抗跌的是现金,再熊的市场,现金都不跌啊。

所以,如果说"牛市买激进基金,熊市买稳健基金",我想可能更合理。基金之所以激进就是因为股票仓位高,之所以稳健是因为股票仓位低。

上投先锋基金和要发行的广发大盘基金都是比较激进的股票基金。现在股市上涨,咱们当然不能指望它们的净值在封闭期也涨得比上投阿尔发、广发小盘之类的快,因为还没有建仓。而上投双息是个比较稳健的基金,即便它满仓了,咱们也不能指望它跑得有多快。

如果你"确信"股市会上涨,那可以考虑购买激进的股票基金;如果股市会下跌,持币观望吧,或者买可以转换的债券基金。如果你把握不住,买个稳健的老基金也许比新基金还好。抗跌不抗跌,和基金新旧没有关系,只和基金的风格有关系,和仓位有关系。

拿两个例子来看,选择同样基金公司的不同基金,这样便于比较。不同基金公司的基金在运作上本来就不相同,很难有可比性。

先看上投摩根基金公司:2006 年 4 月 18 日,新基金——上投双息停止认购,6 月 23 日开放申购。比较一下到 2006 年 9 月 19 日,上投双息基金和上投阿尔法基金、上投中国优势基金的收益情况,结论如下:

表 3－5　上投摩根三只基金的同期比较

日期	上投双息	上投阿尔法	中国优势
4 月 18 日	累计净值:1.00	累计净值:1.3773	累计净值:1.4964
6 月 23 日	累计净值: 1.0086 涨 0.86%	累计净值: 1.8044 涨 31%	累计净值: 1.9115 涨 27.7%
9 月 18 日	累计净值: 1.0418 涨 4.18%	累计净值: 1.9152 涨 39%	累计净值: 2.0128 涨 34.5%

再看广发基金公司:2006 年 5 月 11 日广发策略优选基金停止认购,8 月 15 日开放申购。比较广发策略基金、广发小盘基金和广发聚富基金,结论如下:

表 3－6　广发三只基金的同期比较

日期	广发策略	广发小盘	广发聚富
5 月 11 日	累计净值:1.00	累计净值:1.6547	累计净值:1.5265
8 月 15 日	累计净值:0.99 跌 1%	累计净值: 1.7969 涨 8.6%	累计净值: 1.5944 涨 4.5%
9 月 18 日	累计净值:1.0404 涨 4%	累计净值:1.9207 涨 16%	累计净值:1.9750 涨 29%

也就是说,当时不去抢购新基金,而申购一个好的老基金,在这个牛市里面,咱们会获得非常大的收益,也就是牛市买老基金。

在 2006 年广发基金公司邮寄给客户的三季度对账单背面有一篇文章,叫"基金净值的波动在初期会有一定的规律"。我觉得非常好,这也是专业人士的观点。

许多投资者以为投资基金跟股票一样,买了以后会立即上涨,其实不然。

表 3－7　广发基金旗下基金第一年业绩表现

时段	广发聚富	同期上证指数涨幅	广发稳健	同期上证指数涨幅	广发小盘	同期上证指数涨幅
3 个月业绩	5.57%	15.8%	5.26%	−5.5%	−2.34%	−11%
6 个月业绩	5.44%	7.6%	1.37%	−11.4%	−6.35%	−7.1%
9 个月业绩	2.14%	−7.5%	13.22%	−19%	−1.64%	−7.1%
12 个月业绩	11.66%	−6.8%	7.85%	−23.5%	19.19%	5.8%

从上表可以看出，基金成立后3个月业绩平均领先大盘3.063%，怎么算出来的？6个月业绩平均领先大盘3.787%；9个月业绩平均领先大盘15.773%；12个月业绩平均领先大盘21.067%。

由此可见新基金的净值在第一年中的表现分成两个明显阶段：

一是滞涨期。

基金的资金募集到位后，基金经理必须选择合适的时机建仓，即买入股票并使其达到基金合同规定的比例范围。由于基金的资金量大，因此建仓通常需要一定的时间，一般完成建仓的时间为3～6个月。这个时期，由于基金持有的股票比例不高，遇到市场上涨，基金的净值通常不会立即上涨或者上涨幅度不如大盘快。遇到市场下跌时，基金的净值通常微幅下跌或较大盘表现更加平稳。如广发策略优选基金在5月～8月期间净值在1元上下波动，就呈现这个特点。

二是上涨期。

在3～6个月的基金建仓结束后，基金经理精心挑选的股票组合基本完成，整个基金的风格会逐渐固定。如果市场行情上涨，同时被基金经理选中的股票成为市场热点，出现较大幅度的上涨，基金净值自然水涨船高。优秀基金的净值上涨较大盘快，下跌时较大盘慢。如广发策略优选基金在9月底之后逐渐进入本阶段。

因此，"一只新基金通常成立半年以后才渐入佳境，客户投资新基金之后应稳定地持有半年以上，才能最大限度地分享基金经理的投资能力和基金上涨期的收益。"

上文最后一段，是广发基金得到的结论，要大家对新基金有足够的耐心，至少持有半年以上。我很赞同这个观点，但同时我更明确了我原来的观点。既然新基金有滞涨期和上涨期，既然数据也表明滞涨期达3～6个月，那我们何不等3～6个月再购买新基金。这时候新基金一切都安排就绪，准备大幅度上涨，岂不是最好的进入时期？

购买新基金还有一个风险。现在大家都不大喜欢规模比较大的基金，因为大规模的基金在运作上会带来一些问题。前两天，交银施罗德基金公司发行新基金，开始说限量发行 30 亿，结果 2 天就超了一倍还多，接近了 70 亿。很多认购了的朋友很不满意，因为他们是冲这 30 亿的规模去认购的。但这恐怕也怪不得基金公司，它们也控制不了这种抢购风潮。但如果咱们 6 个月以后再来考虑是否申购这个基金，那一切是不是都很从容呢？

购买基金，不在于基金的新旧。本质上还是在于这个基金的投资风格是不是符合你的需求。当咱们需要一个激进的基金的时候，咱们就一定要选择一个股票基金。认购新基金也好，申购老基金也好，目标都是在股票基金的范围内。千万不要因为一个基金是新发行的，就投入大量的资金，这种事情风险太大。单纯的喜新厌旧肯定不是好的选择。

7. 基金的分拆和复制

“净值恐高症”是一个现实的现象，而且还非常普遍。这个问题带给基金公司的压力显得更大。当基金公司努力把一个基金的业绩做上去的时候，基金的净值也节节升高的时候，结果却是投资者大量赎回投资的时候。这种怪圈让基金公司也很头痛，又要把业绩搞上去，又不能让基金的总规模下来，但投资者却处于一个不成熟的状态。于是基金公司就想出两个高明的办法：一拆分，二复制。

基金拆分是把原来一个老基金的净值人为地降下来，同时给基金持有人成比例地扩大基金持有份额。例如富国天益基金，原来的净值在 1.6 元左右，这对恐高症患者申购有很大的心理障碍。2006 年 7 月 17 日，富国基金公司将富国天益基金进行拆分，净值从原来的 1.6 元降到 1 元，和一个新基金一样，同时给原来的基金持有人持有的基金份额扩大 1.6 倍，也就是原来你持有 10000 份富国天益基金，拆分后，就变成了

16000份。咱们知道咱们的资产总值是基金净值乘以基金份额，基金净值降低1.6倍，基金份额增加1.6倍，结果还是一样的，也就是基金拆分并没有改变基金原来持有人的总资产。但是，基金净值一下从1.6降到1元，一下“便宜”了很多。

这一招非常灵验，结果都是基金公司自己都没有想到的。从富国天益2006年二季度报告和三季度报告中可以看到这个基金的规模从二季度底的11亿元一下扩大到三季度底的41亿，翻了4倍。可见，喜欢低净值的人还是很多啊。

更有甚者，2007年9月，广发聚丰基金在9月4日宣布在9月11日拆分，但9月6日却马上宣布关闭，原因是在9月6日一天的时间中，聚丰申购量就有60多亿元，以至于聚丰不用拆分就达到了计划的规模，而这巨额的申购仅仅是因为11日聚丰要拆分到1元的一个公告。

其实基金拆分对原来的基金持有人并没有特别的意义。按照前面对净值恐高症的分析，净值的高低也没有任何的意义。如果不考虑基金拆分后的新申购，那基金拆分完全是换汤不换药，也有网友将其形容为是“朝三暮四”还是“朝四暮三”的问题。

但就是这小小的变动，给基金公司带来的收益却是巨大的。增加的几十亿元申购，光申购费一项就几千万元。实际上，这种膨胀就把一个拆分前的老基金变成了一个新基金，因为新注入的几十亿资金都是现金形式。例如：富国天益的拆分就把一个原来可能满仓的老基金变成了一个只有25%仓位的“新基金”。这种扩容带来了很多不确定性。原来的老基金是一只优秀的基金，原来的基金经理对操作原来规模的基金有很多经验，突然给他扩大3倍，后果就有些未知。同时如果拆分后，市场在一个向上的阶段，由于仓位很低，势必影响整个收益，损害原来持有人的利益。而如果股市下跌，25%的仓位的股票也会下跌，新的投资者又不得不承担这些股票下跌的损失。通常在下降的阶段，老持有人就会占便宜；而在上升阶段，新持有人也会有额外的收获。

为了克服“净值恐高症”给基金公司带来的麻烦，基金公司还有一个方法就是基金复制。比如一只原来很优秀的基金，例如易方达策略基金，它是一个明星基金，显然净值也很高。为了继承老基金优秀的投资策略和传统，同时又让投资人克服“净值恐高症”，易方达基金公司就发行易方达策略2号基金。

2号基金本质上和原来的1号基金没有区别。基金招募书基本相同，也就是相同的投资策略、相同的资产组合方式、相同的股票研究队伍、相同的股票备选池，而且是相同基金经理。两个基金所持有的股票可能不一样，因为购买的时机可能不一样。但核心原则的一致就保证了1号基金和2号基金从长期看无论风险还是收益都是一样的，这就是所谓的基金复制。

2006年发布了不少复制基金。把它们和1号基金做点对比很有益处。

表3－8　二号基金和一号基金的比较

二号基金名称	发行日期	到12月26日的收益率	一号基金同期收益率
博时价值二号	9月27日	31.31%	36.80%
华夏回报二号	8月14日	34.00%	34.32%+0.25分红
景顺内需增长二号	10月11日	31.30%	35.53%
南方稳健成长二号	7月25日	37.22%	24.80%
易方达策略二号	8月16日	43.50%+0.025分红	53.74%+0.14分红

从上面的6只二号基金和它们的母体基金的对比，可以看到除了南方稳健2号的收益率比1号要高外，其他5只收益率都低，如果考虑红利再投资，那差距更大。

分析其大概原因是：新基金都有一个建仓期，从8月初开始，大盘一直持续上扬。复制基金就没有机会在低点建仓，但在建仓期又没有办法享受到牛市的优点，因为它们的股票仓位太低，所以就落后于1号基金。但南方稳健2号刚好是在一个大的下跌之间发行，而那个时候南方稳健1号却在一个高位，这样2号就得益于这次下跌，结果就是收益率好于母体基金。

如果你有预测能力，能预见到7月底的大跌，那当时选择南方稳健2号显然就受益了；如果预测不到而跟风式地选择了其他的2号基金，那就不如选择1号了。

1号基金几乎都是高净值的,而2号是从1开始,这也说明,净值的高低和投资价值是没有关系的。

这里面有运气的成分,也有必然的因素。随着时间的推移,由于2号和1号相同的投资策略,它们之间的差距也会减少。但要注意2号基金的申购费却是比1号高啊。

那为什么要发行2号基金?就是为了解决客户的“净值恐高症”。2号基金是一个新成立的基金,所以申购价格是1元。比起1号基金的高净值,2号基金当然有吸引力。而且由于1号基金的成功,2号基金就不存在一般新基金没有历史的缺点。所有的投资策略、手法、基金经理都已经得到了证明,因此就很有理由认为2号基金可以和1号基金表现得一样优秀。也就是因为这个,复制的2号通常比1号基金要“贵”。例如易方达策略基金申购费是1.5%,而易方达策略二号则是2%。也就是咱们要多花0.5%来购买二号基金,换来的是一个“便宜”的低净值感觉和一个新基金三个月的封闭期。老实说,我觉得这毫无意义。基金高净值让太多人恐惧了,以至于2号基金的销售也异常的热闹。基金复制,对1号基金的持有人没有任何的影响,1号在运行,2号也在运行。

在美国倒也见过复制基金,但一般是旧基金“关门”以后,再打开一个新的复制基金。之所以旧基金要“关门”(停止对新用户申购),是因为基金的总资产太大了,基金经理已经不好操作了,所以暂时“关门”。这时候也许同样的基金公司、基金团队再推出一个相同投资策略的基金给新用户。这样既保证了旧用户的收益,也给新用户有所选择。但国内的复制基金好像不是这个目的,唯一的目的就是降低净值而已。旧基金开放着申购,新基金也开放着申购。但一样的策略、一样的运作、一样的基金经理,干吗非要去买新基金呢?

我对发行2号基金是有疑虑的。简单的一个问题:如果一年以后,2号基金的净值也涨上去了,到1.5甚至2元,是不是还要发行3号复制基金?以后再来4号、5号基金,这是一个解决办法吗?显然比较滑稽。

有人说，中国市场就是这个样子，大家都“恐高”。基金净值高了，不但没有人申购，还要面临大量的赎回。基金公司不发行新基金、不发行2号，就难以生存。

这点我同意，中国市场的确不成熟！但问题是谁来改变这个现状。“净值恐高”完全是个观念问题，这需要大家共同努力去改变这个认识，让大家都成熟起来。这是谁的责任呢？要我说，买基金的人有责任，卖基金的人也有责任！这是我们共同的事情，我们是要双赢，基金公司有利益，投资者也要有利益。市场推广、观念改变，基金公司责无旁贷。

可一些基金公司却靠发行2号来解决它们的问题。它们的问题倒是解决了，可咱们的利益谁来保证？谁能让咱们成熟起来？发行复制基金，不但不能让市场成熟起来，改变观念，反而助长大众的“净值恐高症”，让大众更担心净值的增长。

但并不是所有的公司都用这种方式来吸引客户。比如上投摩根基金公司，它们并不怕净值高，不但不搞复制、拆分，也不利用分红来降低净值，它们甚至暂时封闭上投双息基金的申购来控制整个基金的规模，保障投资者的利益。要知道封闭了基金，就意味着没有新的申购，也就没有新的管理费和申购费。为大众着想的公司，当然被大众所看好。

为大众着想，努力把大众引导到正确的投资理念上是一个基金公司的本分。也只有这样，才能让大众真正相信这些公司。要知道，把自己辛辛苦苦攒下来的钱让基金公司来打理，信任是最基本的要求。

8.

让人头痛的“巨额分红”

拆分或者新发行复制基金是由证监会严格控制的，于是基金公司又采用了另外一种方式来人为地降低净值。大家知道分红后，净值是会降低，而降低的幅度就是一份基金分红的数额。本来正常的分红是没有什么疑问的，但现在市场上确有大量的我认为非正常的分红。

2006年11月开始，很多基金公司看到市场的不成熟性，为了降低基金的净值，它们充分利用分红可以降低净值的这个特性，就来个“巨额分红，净值归一”。例如原来1.6元净值的基金，分红掉0.6元，这样净值就回到了1元。根本目的是为了“净值归一”，让那些“恐高”的投资者购买它们的基金。这个道理和基金分拆、基金复制是异曲同工，就是为了扩大基金的申购规模。

我认为这种行为比分拆和复制更为恶劣，因为这种行为大大地损害了原来基金持有人的利益。一个简单的例子，如果一个原来20亿份的基金，净值在1.8元，为了让净值归一，就要每份分红0.8元，也就是拿出44%的资产来进行分红。换句话说，为了这次分红，这支基金就必须把仓位降低到56%以下。如果在一个牛市行情中，显然56%的仓位给基金持有人带来的收益只有同样持仓而保留100%仓位的56%。而为了准备这些巨额的分红资金，基金公司必须花很长时间调整仓位。还有一个问题是基金的分红公告都是在这些分红资金到位以后才公布的，也就是已经是既成事实，基金持有人在不知不觉的时候，利益已经被损害了。而且，由于净值归一，会有巨量新资金的进入，这样在分红后一个较长的时间内，基金的证券仓位会很低，几乎和一个新基金的情况差不多。这样，这只经过巨额分红的基金还必须经历类似新基金的滞涨期后才能过渡到上涨期，而且基金经理面对突然膨胀的规模，是否应对得当也是一个值得担心的问题。也就是说，原来成熟的老基金的优势几乎全部丧失。

当然，由于市场的不可预见性，也许巨额分红后，市场大跌，那在这种情况下，这种巨额分红反而会保护投资人。可咱们必须看到这种巨额分红的根本目的是什么。我认为他们的根本目的就是所谓的“持续营销”，实际上它们也不避讳这点。基金规模的扩大会给基金公司带来巨额的收益，也许对未来的发展也有好处，但在这个过程中，原来的投资人却不得不承受损失。这我认为是不合理的，维护基金原来持有人的利益，是基金公司一个必须遵守的准则。所以说我对这种巨额分红是非常不喜欢的。

在巨额分红中，最让我无法接受的是指数基金的巨额分红。2007年4月上旬我曾经收到的一个基金公司的短信让我疑惑了很长时间。这是一个跟踪沪深300的指数基金，他的短信说："在4月6日10份分7.1元后，近期又会再次分红，净值到1元。"我于是查了它们的公告，在4月12日又要分红，按照现在的净值，如果归一，他又要分6～7毛。也就是说在一个星期中他要分1.4元左右，分红高达60%。

我第一个问题是它们分红的这些收益是从哪里来的。一般来讲，可分红收益主要是来源两个：(1)买卖股票的差价；(2)股息。对于这么高比例的分红，我坚信单靠股息是达不到的。那一定是卖掉了股票。可是，这是一个被动的指数基金。它们凭什么卖股票呢？

咱们知道指数基金的特点就是严格按照指数组合建立基金。跟踪沪深300的指数基金，就是拥有和沪深300相同的股票300只。如果沪深300指数不变化，指数基金持仓也不变化。如果沪深300增加或者剔除了一只股票，基金也做相应的操作，所以是被动的。而投资目标就是用最小的误差跟踪指数的变化。而且，即便指数基金要卖出股票，比如遇到大额赎回，它也要卖掉一篮子股票，也就是按比例卖掉300只股票。同样，如果新资金进入也要买入一篮子300只股票，这样才能跟踪指数。也就是说指数基金不存在调仓的问题，也不存在看空市场，规避风险卖出股票的问题，它唯一的任务就是跟踪指数。

显然对于大比例分红的指数基金，它必然是先卖掉一篮子股票，凑够分红的钱。而对于红利再投资部分和新资金的进入，它又要买回同样的一篮子股票。如果这个波段做成功了，当然是好事情。但这和被动指数基金的概念完全是背道而驰。你可以想象指数基金在做波段吗？

只有一个解释，就是为了扩大规模。但是指数基金的收益和规模是没有联系的。5亿份的指数基金和500亿份的指数基金在收益上都是和指数一致的。唯一不同的是管理费！

对于主动基金的分红,有些朋友说可能是基金要调仓,或者看空,或者是基金规模太小,在竞争中不利。这还算有些道理,但指数基金的大分红呢?被动基金有什么理由去主动卖掉股票呢?它们到底是主动基金还是被动基金呢?

同时咱们也看一个结果,2007年初到2007年8月26日,沪深300指数增长155%,但跟踪这一指数的大成300和嘉实300指数基金的同期回报率分别是128%和131%。这种巨大的偏离很大程度上就是由于连续的分红所致。2007年三季报显示,嘉实300指数基金规模达到367亿份,在所有开放式基金中排名第八。

巨额分红还带来一个问题。大家都知道,基金公司为了鼓励大家长期持有,对赎回费通常都有个规定,持有的时间越长,赎回费率越低。而且也有些公司规定,比如嘉实基金,当持有基金持有三个月以上后,就可以免费转换。本来这是非常好的规定,对公司对持有人都有好处。

可是咱们真能享受到这些优惠吗?我曾经收到一个网友的咨询,说他先购买的嘉实主题,三个多月后,他做转换时发现还是收取了他一定的费用。结果他狐疑地咨询了嘉实公司,得到的回复是:

"尊敬的客户:您好,感谢您对嘉实的关注。您咨询的问题已收到,在此回复:主题红利再投资的部分没有超过三个月,谢谢!嘉实客户服务中心2007—09—03。"

也就是说,红利再投资份额的持有起算点是从再投资的时间开始计算的!这不但是嘉实基金转换的问题。更普遍的情况是:咱们持有一个基金,好不容易坚持2年到可以免费赎回,结果赶上一个大分红,可能一大半的资产的持有期就归零,又得支付0.5%的赎回费。分红是把左口袋的钱放到右口袋,看来事情巨额分红还不是这样。钱放到右口袋里面以后性质就变化了,以前的历史统统不算了,也就享受不到那些长期持有的优惠!

其实这都是巨额分红这个怪胎闹的。这并不是嘉实基金一家的规定,这是行业规范。但据拆分的份额起算日是从申购的时候开始,也算是不幸中的万幸吧。

难怪有朋友说,“瘟鸡”不怕,就怕“拆”啊、“分”啊。

9. 独特的指数基金

如果你看过美国出版的有关基金投资的书,一般都会推荐初出茅庐的投资者购买指数基金,例如著名的先锋 500 指数基金。

顾名思义,指数基金就是跟踪一个特定的证券指数,例如上证指数。基本按照指数的制定方法来配置所持有的证券品种和比例,是完全被动的一种基金。指数怎么调整,基金就怎么调整。显然,指数涨多少比例,基金净值也就涨多少比例。

这就带来一些好处。

第一,指数基金一般都有非常好的分散投资效果,尤其是跟踪大型指数的基金。比如前面说的先锋 500 指数基金,就是跟踪美国标准普尔 500 指数。这个指数是由美国最大的 500 家上市企业构成的指数,覆盖了各个产业。

第二,由于是完全模拟指数,指数怎么变更,基金就怎么变更,所以是一个被动基金。那么就和基金经理对市场的判断没有关系,因此也就不用关心谁是基金经理,而且业绩和基金规模没有联系。

第三,由于指数的编制都相对稳定,因此股票的买入卖出都很不频繁,这样大大节省了交易成本,也就是大大降低了管理费用。比如先锋 500,它的管理费只有 0.18%,而美国平均大盘平衡股票基金约为 1.02%,中国很多指数基金在 0.5%～1.0%,而一般的股票基金是 1.5%。别看这点差别,经过利滚利,时间长了可不得了啊。

第四，这个和市场的规律非常有关系。那就是所谓市场是不是有效的，或者说市场是不是对的。这个概念有点复杂，简单的结论就是如果市场是有效的、是对的，你就不能指望任何一个基金经理可以长时间地超越大盘。也就是长期投资，选择指数基金其实是最佳的选择。但这个理论很有争议，伟大的投资家巴菲特就说：如果市场是有效的，那他就会一贫如洗。巴菲特、林奇这些大师都是反对这个理论的。但是对于一个常人，没有大师们的水平，也许还是认可这个理论比较好，尤其在美国市场。据说美国能跑赢大盘的基金经理不到一半。但对于中国市场，我认为离一个有效市场还是非常远的，也就是跑赢市场大盘是很有可能的。事实上也是这样，中国超越大盘的基金经理不是一个，而是一批。

2006 年 4 季度，指数基金开始火暴，例如易方达 50，简直要成为明星基金了，虽然晨星对它的评级只有两星。所以很多朋友开始关心指数基金。

指数基金显然有两个含义：(1)指数；(2)基金。

先说指数的问题。咱们都很关心大盘，我们通常讲的大盘是指上证综合指数。上证综合指数包括的是全部在上交所上市的股票(接近 1000 只股票)，包括 A 股和 B 股，从总体上反映了上交所上市股票价格的变动情况。它是按照股票市值的加权平均来计算的，全面反映了上证股票的情况。

在上交所除了上证综合指数外还有两种成分指数：上证 180 和上证 50。

上证 180 是在所有上证 A 股股票中抽取最具市场代表性的 180 种样本股票，“目的在于建立一个反映上海证券市场的概貌和运行状况、具有可操作性和投资性、能够作为投资评价尺度及金融衍生产品基础的基准指数。”

上证 50 指数是在 180 指数的基础上“挑选规模大、流动性好的最具代表性的 50 只股票组成样本股，以便综合反映上海证券市场最具市场影响力的一批龙头企业的整体状况。其目标是建立一个成交活跃、规模较大、主要作为衍生金融工具基础的投资指数。”

对于深交所而言，主要有深圳成分指数（现在是 40 只 A 股）和深圳 100 指数（100 只股票）。另外上交所和深交所还联合发布沪深 300 指数，包括上证和深证的部分股票，一共 300 只。

无论上证 180，上证 50，深证 100 还是沪深 300 指数都是从不同的角度反映中国证券市场的概貌和运行状况。而且，由于这些指数所含有的“成分股”有限，所以给基金的指数化投资带来了便利。也就是说如果基金按照指数的编制方式购买一揽子股票，那这些指数的涨跌就直接影响到指数基金的涨跌。

由于这些指数都选择交易所中市值大、流通性好的股票，所以，虽然不是完全精确地反映了市场的全部情况，但大部分情况会反映到，尤其是蓝筹股的情况。

指数基金被追捧的最大原因是在“有效”市场中，比如美国市场，基金经理靠着自己的能力通过选股选时战胜大盘的可能性很小。也就是一个主动型的基金未必比一个被动性的基金收益好。那何苦不选择一个“便宜”的指数基金呢？

咱们国家已经有很多指数基金，比如易方达 50，上证 50ETF（跟踪上证 50 指数），万家 180，上证 180ETF（跟踪上证 180 指数），融通深圳 100，融通巨潮 100，易方达 100ETF（跟踪深圳 100 指数），嘉实沪深 300，大成沪深 300（跟踪沪深 300 指数）等。

也就是说，如果咱们想跟踪沪指，就选择 50 和 180 指数，如果选择深指，就选择 100 指数，如果选择跟踪中国整个股票市场，就选择 300 指数。

要说明的是，虽然大部分指数基金都是严格跟踪对应的指数，但也有些指数基金称为“增强型指数基金”，例如易方达 50，“投资于标的指数的成分股票，包括上证 50 指数的成分股和预期将要被选入上证 50 指数的股票，还可适当投资一级市场申购的股票（包括新股与增发），以在不增加额外风险的前提下提高收益水平。”“在严格控制与目标指数偏离风险的前提下，力争获得超越指数的投资收益，追求长期资本增值”。也就是说，它们希望超越指数的收益，包含了某些主动投资的部分。

如果大家去看关于指数基金的经典图书《漫步华尔街》，那里其实是讲到一般基金经理的主动型选股能力其实和猴子随机的选股能力不相上下。也就是说主动型的选股长期下去，和随机选股没有什么优势而言，反之亦然。主动型和被动型在长期看没有什么区别。问题就出在主动型的基金的成本比被动型高，这样长期下去指数基金就有优势。

转过头来看中国的基金。一般股票型基金的管理费加托管费是2%。最"便宜"的指数基金嘉实300是0.6%，最贵的通融100是1.5%。也就是主动基金和指数基金在成本上差距1.4%到0.5%。理论上讲，这个差距由于复利的积累是会产生不小的收益。中国股市的波动性远远大于美国市场，这点差异到底会给我们带来多大的收益就有点怀疑了。

国内市场分沪深两市，不少指数基金是单一的沪市行情或者深圳行情。但我更喜欢两市合并的行情，我觉得这才是真正反映中国市场的总体情况。所以如果我选择，我会选择沪深300，或者中证100指数，或者其他的综合指数，而不单单考虑上证50，或者深圳100之类的。同时我喜欢完全被动型指数，既然是指数基金，就是避免人为的干扰，那增强型的指数基金我就不感冒。选择增强型的指数基金，不如我去选择一个被动的指数基金加一个主动基金了。

问题最大的就是中国的被动型指数基金却让我很困惑。看它们的招募书，他们都是说要严格跟踪指数，和指数的差异在3%～5%以内。可这件事情没有人做到。2007年嘉实300指数基金和大成300指数基金都远远落后于沪深300指数的增长。即便考虑到指数基金满仓95%的股票，依然还有不小的差距。这里有一件让我非常恼火的事情，就是指数基金的巨额分红。前面我谈到过这事情了，这事情给我感觉是指数基金名义上是被动，实际上还有人操纵。这和指数基金的意义背道而驰。当然主动基金也有很多做这种归一分红的。也就是说我有点不敢信任指数基金，我买的东西和我想要的东西不一样。

指数基金最近是不错，但从长期看，也就是2006年四季度开始指数基金才超越主动基金。2006 年上半年以前行情是指数远远落后。从 2006 年全年看,指数涨了 120%,但平均股票型基金是涨了 130%。2007 年以后,指数基金更是强势,能跑赢指数的主动基金没有几个。我认为有两个主要原因:一个是 2006 年四季度是蓝筹股的行情,而指数和蓝筹股的相关性是非常好的。指数基金是由蓝筹股带动起来的,而同时那些偏蓝筹的主动基金去年四季度也非常突出,比如景顺内需、嘉实主题等。第二是随着股指的上扬,尤其 2007 年以来,很多主动基金都在保持仓位,或者规避一些 ST 之类的股票,也就是在控制风险。指数基金是没有任何风险控制的。在这种暴涨的行情中,指数基金由于其最高的仓位自然有优势,但如果市场下跌呢?

不过还有一种投资指数的方式,那就是通过 ETF 来投资指数基金。

ETF(Exchange Traded Fund:交易型开放式指数基金),这是一种在二级市场交易的基金品种,这种基金是按照相应指数的一篮子指数股票集合,在证券交易市场上可以像股票一样随时的买入卖出。ETF 的申购费用和管理费不仅比一般的基金要低,比相当多的指数基金也要低。ETF 的不利之处主要在于它像股票一样,买卖的时候必须交纳交易费,而且买卖得越频繁,交易的费用相应越高,所以 ETF 更应该长期持有。且 ETF 基金不存在通过大分红、拆分之类的方法进行持续营销的可能。这对那些希望投资指数基金的人是非常大的诱惑力。

可惜一直没有我最希望看到的沪深 300ETF,只有深 100ETF 和上证 180ETF。虽然沪深 300 不是严格包含深 100 和上证 180,但基本情况也差不多,所以我一直在想怎么用深 100 和沪 180 指数来拼凑一个沪深 300,于是就花了点力气,做了点数学题。

从搜狐财经网站上下载了从 2006 年 2 月 6 日至今的深 100、沪 180 以及沪深 300 指数数据,然后先计算每个指数的日变化率,然后用统计中的回归分析求解得到:

$$\text{沪深 300 日变化率} = 0.67 \times \text{沪 180 日变化率} + 0.33 \times \text{深 100 日变化率}$$

在统计区间，标准差＝0.08％。

也就是说，基本上沪深 300 日变化率受上证 180 的影响是 0.67，深 100 的影响是 0.33。这和沪深 300 中沪市和深市股票的比例也相当，我不过是从数据上也证明了这点。

这样，我只要用 2∶1 的比例购买上证 180EFT 和深圳 100ETF，就近似的得到一个沪深 300ETF！

我一共计算了 383 个数据，下表是 2007 年 7 月 30 日至 8 月 24 日 20 天的情况，大家可以对我的沪深 300ETF 和实际沪深 300 指数的偏离情况有个感性的认识。

表 3－9　我的 300ETF 的模拟情况

日期	上证 180 日变化率	深圳 100 日变化率	沪深 300 日变化率	我的 300ETF 日变化率	误差
2007.08.24	1.81％	1.13％	1.59％	1.59％	0.00％
2007.08.23	1.65％	1.57％	1.67％	1.62％	－0.05％
2007.08.22	1.30％	2.30％	1.59％	1.63％	0.04％
2007.08.21	1.82％	1.74％	1.79％	1.79％	0.01％
2007.08.20	5.89％	5.27％	5.59％	5.68％	0.09％
2007.08.17	－2.16％	－1.89％	－2.02％	－2.07％	－0.05％
2007.08.16	－1.79％	－1.14％	－1.60％	－1.57％	0.03％
2007.08.15	0.26％	－0.40％	0.07％	0.04％	－0.03％
2007.08.14	1.52％	1.53％	1.58％	1.52％	－0.06％
2007.08.13	0.31％	－1.00％	－0.12％	－0.12％	－0.01％
2007.08.10	－0.51％	－2.15％	－1.06％	－1.05％	0.01％
2007.08.09	2.38％	2.25％	2.34％	2.33％	－0.01％
2007.08.08	－0.92％	－1.94％	－1.20％	－1.26％	－0.06％
2007.08.07	0.55％	0.09％	0.44％	0.40％	－0.04％
2007.08.06	2.28％	2.29％	2.30％	2.28％	－0.01％
2007.08.03	3.82％	3.36％	3.66％	3.67％	0.01％
2007.08.02	2.89％	4.53％	3.40％	3.43％	0.04％
2007.08.01	－3.98％	－3.41％	－3.81％	－3.79％	0.02％
2007.07.31	1.06％	1.24％	1.14％	1.12％	－0.02％
2007.07.30	2.23％	2.70％	2.40％	2.39％	－0.01％

显然拟合结果是非常好的。

又用“我的 300ETF”(用华安 180ETF 和易方达 100ETF 拼凑)和大成 300、嘉实 300 的收益率进行了比较，见下表(截至 8 月 24 日)：

表 3－10　我的 300ETF 和其他沪深 300 基金的比较

指数＼时间	最近一周	最近一月	最近一季	最近半年	最近一年	2007 年以来
	2007－8－17	2007－7－24	2007－5－24	2007－2－24	2006－8－24	
沪深 300 指数	12.77％	25.38％	33.11％	94.92％	303.71％	155.63％
嘉实 300	11.11％	20.78％	28.22％	81.57％	256.61％	131.01％
大成 300	12.50％	25.11％	33.87％	78.17％	256.19％	128.39％
我的 300ETF	12.83％	25.18％	38.67％	96.66％	305.70％	154.66％

显然“我的 300ETF”和沪深 300 指数非常接近，而且远远好于嘉实 300 和大成 300。

其实也可以上证 50ETF 代替 180ETF，而且华安 180ETF 是抽样复制，可能会有跟踪偏差。如果市场上再没有 300ETF，那我准备买指数的时候，就会采用这个沪深 300EFT 模型：2/3 的上证 180ETF/50ETF＋1/3 的深圳 100ETF。

10. 面向海外的 QDII

QDII(国内机构投资者赴海外投资资格认定制度 QUALIFIED DOMESTIC INSTITUTIONAL INVESTORS，QDII)制度由香港政府部门最早提出，是在外汇管制下内地资本市场对外开放的权宜之计，以容许在资本账项目未完全开放的情况下，国内投资者往海外资本市场进行投资。

也就是说通过 QDII 基金,咱们在大陆也可以投资海外市场。简单说就是咱们把人民币交给基金公司,基金公司把他们换成外币去投资海外市场,收益再折合成人民币还给咱们。

2007 年 11 月前发行了四只 QDII 产品,它们是华夏全球精选、嘉实海外、南方全球精选和上投摩根亚太优势。

虽然这些基金还都是崭新的基金,但这至少给咱们一个新的投资对象,尤其对资产组合者来讲,国际市场是一个平衡组合的非常好的对象。虽然国际市场和中国市场逐渐也有点关联,但比起国内市场基金或者股票之间的相关性,国际市场还是相对独立的。

不过我们对国际市场的情况应该有一个清楚的认识。这样在投资 QDII 产品的时候就会有一个合理的预期。我选用了一些美国先锋公司指数基金,它们代表了世界主要市场的情况。

第一,看全球最大的市场——美国市场。先锋 SP500 指数基金过去 5 年内的平均年收益为 10.58%,标准差 11.57%。2006 年收益为 15.64%。

第二,看欧洲市场,先锋欧洲市场指数过去 5 年平均年收益为 18.64%,标准差 15.02%。2006 年收益 33.42%。

第三,看太平洋市场指数,包括日本、澳大利亚、中国香港、新西兰、新加坡的股市情况。先锋太平洋指数过去 5 年平均年收益为 15.53%,标准差 13.34%。2006 年收益 11.99%。

除了上述三大市场外,其他的市场基本上都属于新兴市场。包括亚洲(除日本)、南美、非洲、东欧等等,也就是发展中国家。中国是典型的新兴市场。过去 5 年先锋新兴市场指数年收益为 29.66%,标准差 17.88%,2006 年收益 29.39%。

从上面的数据明显看到一个全球市场的情况,在发达国家市场,过去 5 年的收益也就是 10%~20%。而新兴市场明显高出,接近 30%,但同时,风险也随着收益而增大。美国市场的波动最小,新兴市场的波动最大。

所以,我对 QDII 基金有两看法:

第一,不要对收益预期太高。咱们可以清楚地看到,国际市场 2006 年的收益情况是远远低于中国 A 股市场的。转过头来,用去年 A 股市市场的 100%以上的收益率去预期 QDII 基金也是肯定行不通的。

第二,我倒希望新的 QDII 产品能更多地投资国际成熟的市场,这样咱们可以在中国市场和国际成熟市场之间建立一个平衡组合。中国市场本身就是世界上最激进的,波动最大的市场之一。如果 QDII 还是投资东亚,南美这种高风险、高收益的市场,那和中国市场的风险程度就会不相上下,也就难以起到平衡风险的作用啊。

我认为投资海外最重要的是平衡风险,是一种战略投资。中国股市这样的 3 位数的收益率是不会长期下去的,高收益也意味着高风险、高波动。投资海外市场是一个平衡风险的办法之一。中国市场是一个新兴市场,占全球市场的不到 5%。QDII 给咱们一个投资其他 95%市场的方式。虽然全球市场相关性日益显现出来,但中国市场还是相对独立。这种低相关性就使得在资产组合中进行风险平衡成为可能。把国际市场放入咱们组合的一部分,而且还可以定期进行“再平衡”,这样咱们就可以分享整个世界的经济发展。呵呵,当咱们个人都融入世界经济这个大家庭中的时候,咱们就会切身感觉到世界和平对咱们的意义啊。

所以,投资海外从战略上是一个好的选择,而且咱们也开始有条件这样做了。在战术上恐怕还要继续斟酌。我相信将来会有越来越多的 QDII 供咱们选择的。总是一个好的开端吧。

拿一个具体的基金分析一下:上投摩根亚太精选。上投 QDII 是瞄准亚太地区,即亚洲及太平洋地区,广义则包括整个亚洲与太平洋沿岸所有国家地区。在证券投资领域,亚太地区主要市场通常包含:澳大利亚、韩国、中国香港、印度、新加坡、菲律宾、泰国、印度尼西亚等区域证券市场(请注意:不包含日本市场)。

上投基金公司的杨逸枫经理对这一市场给出描述:“这一两年,A 股市场不只是在亚太,在全球的表现都是独占鳌头。可是,如果把时间拉得长一点就可以发现，过去 5 年，A 股市场所能提供的投资回报是 121%；摩根士丹利亚太市场指数的回报率大概是接近 250%。如果看单一市场，在过去 5 年里，印度或者是印尼也涨了 3 倍多，韩国和新加坡的涨幅也是一倍以上。所以，把时间拉长，亚洲其他市场能交出的投资成绩单，并不比中国 A 股市场差。2007 年以来，亚太股市上涨势头延续。在中国与印度经济的强劲带动之下，亚太地区企业盈利快速增长，各地股价指数亦纷纷创下历史新高，MSCI 亚太（不含日本）指数今年以来涨幅为 9.1%，高于 MSCI 世界指数 0.9%的表现。”

我是喜欢自己研究数据的，所以就做了点功课。把我功课的结果给大家看看，也许大家可以对亚太市场的情况更有深刻了解。

我采用的数据是一个跟踪摩根士丹利亚太市场指数的 ETF 基金数据。这是 iSHARE 在纽约证交所交易的一个 ETF，数据从 2001 年 10 月 26 日开始，一直到 2007 年 10 月 9 日，基金代码是 EPP。有兴趣的朋友可以在 YAHOO 上找到它的具体资料。

这 6 年的 ETF 净值的增长情况作图如下：

图 3－2　EPP 基金 6 年来的走势图

也就是从43美元涨到173美元，6年中涨幅302%。

具体看每年的数据：

表3－11　2001—2007年情况数据

时间段	涨幅
2001年10—12月	7.9%
2002	−5.0%
2003	46.86%
2004	28.65%
2005	13.55%
2006	32.35%
2007(截至10月9日)	38.45%

一个要说明的事情是上投的杨逸枫讲到MCSI亚太指数今年涨了9.1%。我具体查了一下，她用的统计数据是到8月20日左右。在那个时候，由于美国次级债的影响，全球股市大跌(从我的图中也可以看到一个深深的凹口)，的确那时的收益只有9%。但是现在已经有38.45%了。

从YAHOO上可以查到这只ETF的市盈率是16.9，年换手率8%。市盈率的指标基本和美国标准普尔500指数类似。显然大大低于中国现在50以上的市盈率。

从这些指标上看，亚太市场的确是一个非常有吸引力的市场。市场的情况是这样，那上投能不能把握这个市场就不知道了。一来QDII对国人来讲是一个新东西；二来上投QDII是一个主动型基金，和指数有多大区别就不知道了；再加上人民币升值等问题，最后能落到咱们口袋里面的收益是什么也是一个未知数。

作为全球新兴市场的重要部分，亚太市场显然已经成为一个全球投资的热点，但过去的事情不代表未来，未来如何谁也不知道。新兴市场到底是一个风险比较大的市场，这点大家也要明确。

总体来讲，我个人的观点还是倾向于谨慎。第一，我对新基金本来就没有兴趣，更何况这种面向海外的投资基金，这几乎是没有什么前车之鉴的，我可不想当实验品；第二，对于全球市场来讲，又不存在国内所谓的这种百年不遇的牛市行情，起大早赶早集也没有什么意义吧；第三，大量投资在新兴市场上，这个可是风险很大的投资。要知道很多新兴市场国家的政治经济形势都不稳定的，高收益一定伴随着高风险。除非想用高风险来搏一下高收益，否则根本无法和国内的牛市相抗衡。另外还有人民币升值的问题。当然从目前来看人民币对美元、港币是升值的，但对欧元、英镑甚至泰铢是持平或者贬值的。第四，大家也得留心，很多 QDII 基金的认购费和申购费是 1.5％和 1.6％，高于平常的 1.2％和 1.5％；管理费和托管费是 1.85％和 0.3％，后两项之和比咱们通常的国内基金要高出 0.4％。

30％～40％的年收益对国人来讲也许不会有多大的吸引力，但在中国市场如此高的点位，分散风险，考虑其他的投资领域，也许是不错的选择啊。

11.

FOF 和生命周期基金

一般基金是投资股票或者债券的，而 FOF 则只投资基金，实际上是一个基金投资组合，即基金中的基金。比如一个国际市场指数基金，可能是由美国市场指数基金、日本市场指数基金、欧洲市场指数基金和新兴市场指数基金按市场份额的比例建立起来的，而且这种比例是非常稳定的。这样你投资国际市场指数基金，就非常好地覆盖了全世界各大市场的指数基金。显然你可以自己去按照同样的资产组合原则复制建立一个 FOF。

那么基金公司的 FOF 有什么好处呢？基金公司的 FOF 最大的获益者是小额投资者。就是说，如果建立一个 50％的上投阿尔法、25％的广发稳健和25%的货币基金组成的资产组合，上投阿尔法的最低申购额是1000元，广发稳健也是1000，就算货币也是1000。那至少要投资4000元。如果基金公司建立一个FOF，如果它的最低限额也是1000元，那么你可以花较少的钱享受多个基金的收益。

不过，如果你不是一个很小的投资者，你就没有必要去投资一个FOF。自己的FOF反而更灵活、更便宜。

2006年，富国基金公司利用FOF概念发行富国天合基金。虽然富国天合只是一个准FOF架构，而且我国的基金政策也不允许真正的FOF，但FOF似乎开始热闹起来了。不过我对FOF似乎并不很感兴趣，因为我觉得我们早就有自己的FOF基金了。

说穿了，FOF就是基金的组合。我们每个人自己的基金组合就是一个FOF，而这个FOF的净值就是“1＋累计收益率”。比如咱们的总资产中有50%投资在上投阿尔法，25%在广发稳健，25%在某个货币基金。那个人的FOF就是由这三个基金组成，比例是2∶1∶1。而且如果经过一年，获得15%的总收益，就可以认为咱们的FOF的净值是1.15。

原来咱们自己就是FOF基金经理啊。

生命周期基金

我至少知道有两支基金称为“生命周期”基金，它们是汇丰晋信2016生命周期和大成财富管理2020生命周期。

生命周期基金也是舶来品，英文是“life cycle”。这实际上是为长期投资做准备的一种基金。首先从基金的名称上就可以看到两个数字——2016和2020，这实际讲的是年份，也叫目标时间。也就是说，这两份基金是为2016年或者2020年使用的资金而做准备的投资基金。比如咱们2016年要退休，要开始养老生活，那就可以投资2016生命周期基金。

基金是一个长期投资，无论是养老还是孩子的教育，最终要有一个使用这些投资的时间。而按照风险控制的观念，越接近投资期结束，咱们的投资就应该越平稳。也就是整个投资的股票比例要下降，债券等固定收益类资产要增加。一个办法是咱们自己控制这个过程，一个办法是由基金公司来帮咱们做这种调节。

那咱们来看看这两只生命周期基金的投资组合随时间的变化。

汇丰晋信2016生命周期和大成财富管理2020生命周期

“在基金实际管理过程中，基金管理人将随着投资人目标期限的临近和根据中国证券市场的阶段性变化，逐年适时调整基金资产在股票类资产、固定收益类资产间的配置比例。同时在正常市场情况下，本基金保留的现金或者到期日在一年以内的政府债券的比例合计不低于基金资产净值的5%。”

大成财富管理2020生命周期基金的基本投资策略和汇丰晋信2016生命周期基金是一样的，只是在具体的资产配置上有所不同。

本基金的逐年资产配置如下表所示。

表3－12　汇丰晋信2016生命周期基金资产配置表

时间段	股票类资产比例(%)	固定收益类资产比例(%)
基金合同生效之日至2007/5/31	0—65	35—100
2007/6/1—2008/5/31	0—60	40—100
2008/6/1—2009/5/31	0—55	45—100
2009/6/1—2010/5/31	0—45	55—100
2010/6/1—2011/5/31	0—40	60—100
2011/6/1—2012/5/31	0—35	65—100
2012/6/1—2013/5/31	0—25	75—100
2013/6/1—2014/5/31	0—20	80—100
2014/6/1—2015/5/31	0—15	85—100
2015/6/1—2016/5/31	0—10	90—100
2016/6/1起	0—5	95—100

表3－13　大成财富管理2020生命周期基金

时间段	权益类证券比例范围	固定收益类证券及货币市场工具比例范围
基金合同生效日至2010年12月31日	0%～95%	5%～100%
2011年1月1日至2015年12月31日	0%～75%	25%～100%
2016年1月1日至2020年12月31日	0%～50%	50%～100%
2021年1月1日以及该日以后	0%～20%	80%～100%

可见，越靠近目标时间，股票所占的比例就越小，而债券等的比例就越大，也就是基金主动帮助你调节稳健和激进的比例。

显然，这种基金对那些不想花过多时间去自己平衡这个比例的人是很有帮助的。国外有很多这种生命周期基金，几乎每个目标时间都有一只基金。

可见这种生命周期基金是非常有针对性的。如果咱们还有 30 年的投资期，那买 2016 或者 2020 都是不合适的；当然如果只有 5 年的投资期，那它们也是不合适的。

一定要记住，生命周期基金是一种有特定对象的基金。

12. 分散投资：建立自己的组合

前面几节都是讨论独立的基金。事实上，更多的人是同时持有几个基金，建立一个投资组合。为什么？因为他们在寻求分散投资。

分散投资核心是要考虑三个因素：相关性、收益和波动。两个完全不相关的投资对象组合到一起，就会大大降低短期波动，但也会平均长期收益。分散投资的目的是进行风险控制，而风险控制是投资中最重要的一环。长期投资可以从时间上平滑短期风险，而分散投资则可以从“空间”上消减波动。把分散投资和长期投资结合到一起，肯定是最好的结果。

不同类型的基金在不同情况、不同时间的表现是不一样的。这是因为基金公司和基金经理对市场的研究是不同的，他们对哪些资产具有投资价值的判断也是不一样的。但市场是非常奇妙的，谁都不能确定在特定的时间，哪些投资会有好的表现，而哪些会有差的表现。

显然，如果咱们只集中投资一只基金，那收益就必然跟着基金经理对市场的判断而上下起伏。虽然经过漫长的时期,咱们的投资依然可以享受市场整体上涨的格局,但在短期,必然波动较大,也就是风险很大。基金本身就是投资一揽子股票或者其他证券,已经是一种非常好的分散投资,但依然受到基金固有风格和基金经理对形势判断的影响。不过,如果咱们也在不同的基金之间进行分散投资,就会更有效地削弱基金自己的"个性",从而降低整个投资的短期波动,专注地享受长期投资带来的成长效应。也就是在一个特定的时期内,咱们持有的基金,有的在涨,有的在跌。但平均下来,涨跌相抵,总投资就自然平稳了很多。可以做一个极端的想象,如果持有两只基金,一只涨的时候刚好另外一只跌。虽然两只基金单独看都短期波动很大,但两个相加,涨跌相抵,最后反而是一条直线。

千万不能误解分散投资就可以确保咱们的投资没有亏损,也不能确保当一个基金下跌的时候而另外一个基金像跷跷板一样就开始上涨。也就是说分散投资不可能完全消除短期的波动,只是能削弱这种波动,上面说的那种极端的情况几乎是不可能出现的。而且,如果投资的对象彼此是有关联的,那分散的效果就更小。比如股票市场,当这个市场在一个恐慌抛售的行情中,几乎所有的股票都不能幸免,那再怎么在股票基金中做分散投资,一样避免不了整体的下跌。所以,当然应该尽量选择不相关的投资对象来进行分散投资,组建投资组合。

开放式基金分三大类:主要投资股票市场的股票基金、主要投资债券市场的债券基金和货币基金。股票市场、债券市场和货币市场相对来说是很独立的。也就是说,股票市场上涨的时候,债券市场不会跟着上涨,反之亦然。因为它们之间没有关系。那这三种证券就是一个比较好的分散投资对象。它们彼此不相关,有涨有跌,当然短期波动就会削弱。然而咱们也可以看到,这三种基金的长期收益率是不一样的。股票基金收益好,波动大,货币基金波动小,但收益也小。那如果把这三种基金做一个组合,虽然降低了短期波动,但也会降低长期的总收益。短期波动和长期收益永远都是共生的现象,咱们降低了短期风险,就势必影响长期收益。要追求最大的长期收益,咱们就不得不忍受短期的振荡。

其实在股票基金中也可以做一定的分散投资。从晨星风格箱中，可以看到不同的基金风格是不一样的。有的是大盘价值型，有的是小盘成长型，有的是大盘平衡型。在这些风格不同的基金中进行分散投资也是一个可行的方案。咱们可以选择一只大盘基金，再同时选择一只小盘基金。大盘基金相对稳健，而小盘基金相对激进。在成长型基金和价值型基金之间也同样可以采取这种平衡。不过国家的股票市场的发育还很不成熟，严格的区分成长、价值股票非常困难，甚至大盘和小盘股票的区分也有定义上的不同。但至少这是一个可以考虑的问题。还有一点，国家的基金公司虽然发行不同种类的基金，但经常采用相同的研究团队或者说“股票备选池”，这样即便在不同的基金之中也会持有较多相同的股票，这无形中就增加了这种股票之间的相关性。例如广发基金公司下属的广发聚丰基金、广发聚富基金、广发策略优选基金之间虽然在资产配置上有所不同，但交叉持股情况却很严重，这样就变成了一荣俱荣、一损俱损，同涨同跌。如果同时选择这几只基金，就达不到分散投资的目的。

其实，投资者更应该把分散投资的理论放宽到基金投资以外的领域。证券是一种投资，房地产也是一种投资，还有古董、字画、黄金，甚至邮票等。而且这些投资之间有非常好的不相关性。股票的涨跌几乎对房地产市场没有影响，而古董市场的起伏和黄金市场也没有关系，那这些东西其实就是非常理想的分散投资对象。

那如何确定各种投资在组合里面的比例呢？首先必须说世界上没有一种放之四海而皆准的资产组合方式，即便是在股票基金、债券基金和货币基金之间的组合也没有这种通用组合。原因很简单，投资是完全个人的事情，是完全和每个人自己的心理状态、个人情况密切联系的东西。你有非常长的投资期限和巨大的心理风险承受能力，那你的组合就可以是由一些波动很大的品种来组合而成；我五年以后就要用这笔钱，而且很厌恶风险，那我必然选择一些波动小的投资品种。如果是一个中间状态，那通过分散投资更可以得到一个完全和自己匹配的投资组合。

更要注意的是：咱们必须把投资组合作为一个整体来看待，而绝对不能把组合中的每项投资割裂来看。就像我们会把一只基金作为一个整体而不是一堆独立的股票来看待一样。在建立投资组合的时候，咱们一定不要像去自助餐厅一样，东挑一盘，西舀一勺，觉得哪个好吃就拣哪个。投资组合一定要像做满汉全席一样，第一道上什么，第二道上什么，最后的又是什么。组合里面的每项投资都有它的角色和分工，都有它的意义。这样的投资组合才是好组合。在看待组合的时候，咱们最要关心的是组合总体收益和总体风险是不是适合自己，是不是在能承受的最大风险范围内给了咱们最大的回报。一定要注意咱们关心的是投资组合的总体，而不是个体内容。这往往是新手容易犯的错误。

历史情况大概是这样的：在1950年前就已经有分散投资的思想，比如巴菲特的导师格雷厄姆就是一个分散投资者。当时的概念是“鸡蛋不要放在一个篮子里面”，也就是通过购买一揽子股票来分散短期风险。实际上关注的是两件事情：风险和收益。

分散投资理论的鼻祖是美国的马科维茨(Harry Markowitz)，由于他在1952年(25岁)的论文《投资组合选择》和1959年(32岁)出版的《投资组合选择：有效分散化》一书，1990年被授予诺贝尔经济学奖。他创立的理论被称为“华尔街的第一次革命”。可见，获得诺贝尔奖的理论对咱们也不是遥不可及的东西。理论的一个核心观点是在分散投资的时候，要考虑的不但是风险和收益，还有一个是独立投资之间的相关性。也就是说把分散投资原来考虑的两维因素，上升到了三维空间。

投资组合理论强调的是要投资在独立的、不相关的领域里面，而不是简简单单地购买一揽子证券来分散投资。购买那些很类似的产品是达不到分散的目的的。所以这也是我一再强调的在基金组合的时候，一定要考虑搭配。比如股票和债券、大盘和小盘、价值和成长等。都是同类基金就大大减少了组合的有效性。

要提醒大家注意的是如果有相关性，那就会有种系统的风险是没有办法克服的。比如在股票基金中，无论大盘、小盘、价值、成长，都非常大地受整个市场波动的影响。即便咱们做一个很好的组合，当大盘整体下滑的时候,也不可能咱们的组合能独善其身。这是避免不了的。所以一个组合你不能要求它永远都有正收益。当然如果我们能把投资分散到完全不相关的领域,比如证券、房地产、黄金等等,那总体的效果会更好。

那么组合是不是会类"指数"化?一个组合是不是就是一个指数基金?我认为还是有很大区别的。指数基金的配置完全是固定的,基本上是由股票的市值决定的。在指数基金中,大市值的蓝筹股权重非常大,小盘类股票基本没有发言权。而咱们自己的组合就可以多样化,根据自己的需求来制定策略。

组合投资影响的主要是短期波动,而长期的收益一样可以保证。这样,收益和风险比就加大,也就是夏普比率加大。这不是很好的事情吗?短期的波动是任何人都不喜欢的吧?

但是很多人用大师巴菲特的话来反对分散投资。巴老有个重要的投资策略,就是集中投资,他绝大多数的资产都是从为数不多的几只股票上获得的。他老人家也有一句著名的话被经常引用来反对分散投资和投资组合。这就是"分散投资是无知者的自我保护法,但对于那些明白自己在干什么的人来说,分散投资是没什么意义的。(Diversification is a protection against ignorance ,but it makes very little sense for those who know what they are doing.)"

我试图去查证巴老的这句话的出处,但没有找到原文,据说他是在1998年的伯克夏股东大会上说的,但并不是在著名的"1998年致股东的信"中,不过却从他1993年致股东的信中找到了他完整的对分散投资和集中投资观点的描述:

"当然,有些投资策略,例如我们从事多年的套利活动,就必须将风险分散,若是单一交易的风险过高,就必须将资源分散到几个各自独立的个案之上,如此一来,虽然每个个案都有可能导致损失或伤害,但只要你确信每个独立的个案经过概率的加权平均能够让你获致满意的报酬就行了,许多创业投资者用的就是这种方法,若是你也打算这样做的话,记得采取与赌场老板搞轮盘游戏同样的心态,那就是鼓励大家持续不断地下注,因为长期而言,概率对庄家有利,但千万要拒绝单一一次的大赌注。

另外一种需要分散风险的特殊情况是,当投资人并没有对任何单一产业有特别的熟悉,不过他却对美国整体产业前景有信心,则这类的投资人应该分散持有许多公司的股份,同时将买入期间隔开,例如,透过定期投资指数基金,一个什么都不懂的投资人通常都能打败大部分的专业经理人。很奇怪的是,当'愚昧'的金钱承认了自己的局限后,它就不再'愚昧'了。

另一方面,若是你是学有专长(Know-something)的投资人,能够了解产业经济的话,应该就能够找出五到十家股价合理并享有长期竞争优势的公司,此时一般分散风险的理论对你来说就一点意义也没有,要是那样做反而会伤害到你的投资成果并增加你的风险,我实在不了解那些投资人为什么要把钱摆在他排名第20的股票上,而不是把钱集中在排名最前面,最熟悉了解同时风险最小,获利可能最大的投资上,或许这就是先知梅西卫斯特所说的,'好事物越多,就越完美'。"

上面三段中,头两段讲的是分散投资,后一段是讲集中投资。老实说,在网络上或者杂志上看到大量引用的是最后一段,但却没有看到过前面两段。

从第一段上,不难看出巴老同样认为分散投资可以分散风险,同时也告诫大家不要一次性地"豪赌"一把。

从第二段上更清楚地看到,对于非专业人士,分散投资是巴老推荐的方法。也就是用不"愚昧"的方式去赚取所谓的"愚昧"的金钱。

第三段,巴老最推崇的集中投资方式其实是对专业投资人说的。对那些真正能看清市场和股票的投资家或者说投资大师说的。

OK,你我是投资专业人士吗?你我是大师吗?如果答案是否定的,那我们该遵从巴老的哪条建议呢?

其实,巴老并不是一开始他的投资事业就喜欢集中投资。巴老的导师格雷厄姆其实是一个分散投资者,而巴菲特从另外一个大师费雪那里学来的集中投资理念。他自己都说他是"85%的格雷厄姆加15%的费雪"。

转过头来，大师就是大师，大师和咱们是不一样的。

当他成为大师的时候，他不会再按照所谓的套路来出招。可咱们呢？李昌镐不走定式，咱们也不学定式吗？咱们必须承认咱们是巴老说的“无知者”，那巴老说得也很清楚，“分散投资是无知者的自我保护法。”

下面是巴老信件的原文部分，这三段是连续的，我没有删节一个字母。

BERKSHIRE HATHAWAY INC. Annual report 1993

Of course, some investment strategies - for instance, our efforts in arbitrage over the years - require wide diversification. If significant risk exists in a single transaction, overall risk should be reduced by making that purchase one of many mutually-independent commitments. Thus, you may consciously purchase a risky investment - one that indeed has a significant possibility of causing loss or injury - if you believe that your gain, weighted for probabilities, considerably exceeds your loss, comparably weighted, and if you can commit to a number of similar, but unrelated opportunities. Most venture capitalists employ this strategy. Should you choose to pursue this course, you should adopt the outlook of the casino that owns a roulette wheel, which will want to see lots of action because it is favored by probabilities, but will refuse to accept a single, huge bet.

Another situation requiring wide diversification occurs when an investor who does not understand the economics of specific businesses nevertheless believes it in his interest to be a long-term owner of American industry. That investor should both own a large number of equities and space out his purchases. By periodically investing in an index fund, for example, the know-nothing investor can actually out-perform most investment professionals. Paradoxically, when “dumb” money acknowledges its limitations, it ceases to be dumb.

On the other hand, if you are a know-something investor, able to understand business economics and to find five to ten sensibly-priced companies that possess important long-term competitive advantages, conventional diversification makes no sense for you. It is apt simply to hurt your results and increase your risk. I cannot understand why an investor of that sort elects to put money into a business that is his 20th favorite rather than simply adding that money to his top choices—the businesses he understands best and that present the least risk, along with the greatest profit potential.

13. 我理想的资产组合

我个人非常重视基金的组合,大量文字也是围绕这个内容的。什么是我心目中最理想的组合?

简单说也是三步曲。

第一步,资产的组合。也就是这个投资方向的组合,包括自己储蓄和投资的比例,以及投资中股票和债券的比例。当然还可以考虑各种投资,比如黄金、古董、房地产之间的投资比例。

如果单说基金投资,那核心在股票基金和债券基金的比例选择上。这取决于咱们的投资期和风险承受能力,到底是一个激进的投资者还是一个稳健的投资者,通过这两个方面就基本可以确定。这是首先要确定的一个比例,这个比例就是核心投资策略。然后根据这个比例配置股票基金和债券基金的比例。

第二步,大盘基金和小盘基金的配置。大盘基金肯定是我们的重点,道理也很简单，因为大盘股票对市场的影响是最大啊。但小盘基金却是一个很活跃的部分。

广发小盘基金一直在我个人的组合里面有非常重要的意义。以至于在它大比例分红的时候，我左思右想了一天，最后还是决定保留这个基金。当时我就说过，小盘在我的组合里面有重要的地位，而这个地位是其他基金代替不了的。

2006年底广发小盘的表现很不好，居然从前半年的亚军到了晨星三星。这里面有整个中小盘股票的问题，也有广发基金公司本身的问题，当然还有大比例分红的影响。不过，即便在这种情况下，也依然保持着广发小盘基金的份额。

为什么这么看重广发小盘？绝对不是因为我能预见它2007年会涨，或者说因为喜欢广发公司。最重要的是我认为小盘基金本身有特殊的意义。

第一，小盘和大盘是相关性较小的领域，也就是一个分散投资很好的对象。现在绝大多数好基金都集中在大盘上，结果就很容易出现交叉持股的现象。而小盘基金的冷清，自然也就显示了它的特立独行。可是市场是轮动的，2006年底是大盘蓝筹股的天下，2007年上半年就是小盘基金的天下，而到了2007年年中，又回到大盘蓝筹的天下。也许什么时候中小盘又会重整旗鼓。所以小盘基金首先是需要在战略上进行考虑的项目。

第二，小盘基金短期波动比大盘基金大，长期收益也会比大盘基金高。这就是所谓的小盘的风险溢价。按照美国股市的历史，长期平均下来，小盘比大盘的收益大约高1%。如果按照大盘收益平均12%，小盘约13%来估计的话，经过伟大的复利的工作，20年后大盘可以翻9.6倍，而小盘翻11.5倍。这就是小盘基金吸引我的另外一个原因，当然代价是短期内很高的波动。对于可以承受高风险的长期投资者，小盘基金是很有魅力的东西。

所以，大盘和小盘要有一个合理的配置。我个人认为除非你是一个非常非常极端的激进的投资者，小盘的比例不应该大于核心配置的

30%。当然小盘不是必需的，如果你是一个偏稳健的投资人，可以完全放弃中小盘。

第三步，价值和成长的配置。理论上一个组合的核心最好是价值和成长的平衡。那哪些是价值型或者成长型基金呢？老实说，这个非常非常难区别，也许只有很专业的人士才能区分。这也是晨星风格箱的工作。

在国内现在的情况下，一个是大部分基金的投资风格是不确定的；二是随着市场的上扬，价值型股票恐怕越来越少；三是确定价值和成长是有很多具体算法的，这个不是咱们能做的事情。

因此，我更倾向于在大盘基金中大概区分偏蓝筹、平衡和远蓝筹三种形式来代替价值型、平衡型和成长型。因为一般来讲蓝筹的是低市盈率的，比较具有“价值”，而远蓝筹的是高市盈率股票，较具有“成长性”。经过 2006 年底的蓝筹大涨，蓝筹股是不是有“价值”也不好说了。用价值和成长来评估实在不是个人能做到的事情。

哪些基金是偏蓝筹的呢？说老实话，我也只是心里有点感觉，但没有做过细致分析。

我对股票是不在行的，所以先上网去查了查什么是蓝筹股，结果一头雾水，并没有人明确哪些股票是蓝筹股，哪些不是。而且蓝筹股这个词也是一个概念，一个比较宽泛的东西。现在还有一线蓝筹股、二线蓝筹股的提法。

我也不想去讨论蓝筹股的定义。为了分析，自己定义了一套系统。大家可以说我的定义是偏颇的、没有道理的，但算出来的结果基本上和感觉是一致的，所以自认为是有道理的。

有一次得到了 2006 年底上证和深证 A 股所有股票按照流通市值从大到小的排序，取前 10 名作为定义的“10 大蓝筹股”。然后拿基金的 4 季度末的 10 大重仓股去比较，看看这 10 大蓝筹股在若干个基金中占有的比重。

表 3－14　10 大蓝筹股在对应基金中占有的百分比

名称	招商银行	民生银行	万科 A	中信证券	工商银行	中国联通	宝钢股份	中国石化	长江电力	浦发银行	总和
流通 A 股市值（亿元）	770.38	623.56	502.46	469.45	423.51	388.54	328.83	326.86	316.29	283.91	4433.79
上证 50ETF	10.99	9.94				5.37	6.25	4.8	4.22	4.11	45.68
易 50	9.42	8.49		5.48	5.22		6.16				34.77
嘉实主题	7.53	7.54	3.09				3.36	7.37	4.54		33.43
嘉实服务	7.9			7.21	2.89		4.12	6.92			29.04
景顺内需	7.56	4.29	3.97	5.6						5.8	27.22
景顺鼎益	7.28	4.29	3.18	3.46	4.1					4.56	26.87
汇添富均衡	8.4	3.6	4.53	3.16	2.58			4.16			26.43
嘉实 300	5.3	3.9	3.17	2.63	2.27	2.13	2.44	1.76		1.99	25.59
交银精选	6.83	3.68	3.22	5.88						3.26	22.87
广发策略	3.54					4.93	2.73	4.43	3.03	3.18	21.84
银华优质	5.62	2.3	4.9	5.02						3.52	21.36
上投先锋	4.58		2.72		4.97		2.64		3.43		18.34
上投优势	5.39		3.6		3.12		5.37				17.48

续表

名称	招商银行	民生银行	万科A	中信证券	工商银行	中国联通	宝钢股份	中国石化	长江电力	浦发银行	总和
招商优质		4.77						4.84	2.63	5.21	17.45
上投阿尔法	6.34		3.55		4.72		2.12				16.73
兴业趋势	7								3.65	3.3	13.95
银华核心	4.96		4.34	4.06							13.36
富国天益	4.45	4.28						4.31			13.04
广发聚丰								3.11		7.78	10.89
易方达策略	3.59			4.66							8.25
易方达积极	6.24										6.24

10大蓝筹股的流动市值总和大约是占中国A股总流通市值的15%～20%。根据这点，我也认为当这10大蓝筹股在基金中的比例大于20%时，就开始偏蓝筹；小于15%就开始偏非蓝筹吧。可以看出上证50ETF，10大蓝筹股占了这个基金的45%，当然是偏蓝筹啊。而易方达积极只有6%，那显然就远蓝筹啊。

显然指数基金都是偏蓝筹的，这也非常好理解。嘉实主题、服务、景顺鼎益、内需、汇添富均衡等等都是偏蓝筹的。上投的几只在中间；易方达策略、易方达积极、富国天益、广发聚丰都是远蓝筹的。

这个结论和感觉非常接近。

当然你可以问为什么只选了10个，而不是5个或者15个，为什么著名的股票如茅台、中行、苏宁都不在里面。我完全是按照数据选择的，就得到这个结论。供大家参考吧。显然也可以把关心的其他东西也放进来比较。这也是一种方法。

要明确的一点是：由于基金本身投资策略的变化，它很可能现在偏蓝筹，过段时间又远蓝筹。严格地说，上述结论只是对 2006 年 12 月 29 日有效。

我给出的“10 大蓝筹股”占了总流通市值的 15%～20%，但中国有 1400 只 A 股。而咱们说地上证指数是按照市值来对股票价格进行加权得到的。这就是说，极少数的蓝筹股对指数的影响是决定性的，这就是所谓的权重股。它说明：大盘对偏蓝筹基金的影响是最大的，而对远蓝筹基金的影响是比较小的。这样就会出现有时候你的基金超越大盘，有时候落后大盘。这是非常正常的现象。

从另外一个角度看，如果发现基金和大盘比较同步，那基本上就是一个偏蓝筹基金。

上面三个平衡是基金组合中最重要的部分，而且优先等级也是从一到三。如果要考虑得更复杂，还可以考虑投资行业中的平衡。但咱们国家的板块轮动太快，基金的变化也太快，平衡投资行业恐怕是太难。

当然也可以简化这些平衡，如果资金量不大，做第一步平衡也就够了，直接选择一个配置基金。如果选择 4～5 个基金就可以考虑第二步和第三步的平衡了。另外，平衡不意味着等比例。比例完全是由投资策略制定的。

这也就很容易引进再平衡的思想了。

这样的组合，无论板块如何轮动都不会逃脱它。显然这是一个平均效应，一种分散投资，一种均衡收益。它分散了风险，同时也平衡了短期收益。但对于长期投资者，咱们看重的是长期趋势，短期波动其实是咱们不喜欢的东西。通过资产配置，咱们就可以尽量平稳地前进。

当然也有人会说，为什么不去追逐热门的板块？那不是可以最大化收益吗？这个问题其实和做波段没有太大区别。

能预测市场吗？如果不能，就分散投资吧；能知道哪个基金会独领风骚，不犯错误吗？如果不能，也就分散投资吧；能跟踪到热点吗？如果不能，还是分散投资吧。

不求有功，但求无过；不求第一，但求平均。想想《投资艺术》中说的“输家的游戏”，还有巴菲特说的“投资不在于做了几个非凡的决定，而在于少做几个愚蠢的决定”，我想就更能理解平衡资产组合的意义。

还要再次强调一点，咱们关心的是组合的整体表现，而不是关注组合内部的独立的基金。咱们要把这一揽子基金一起看啊。无论你用什么收益统计软件，我建议只关心总资产的变化，而不是每个基金的情况。

从对单个投资的关注到形成投资组合理论，是 20 世纪世界投资界的一个重大变化，是获得诺贝尔奖的经济理论。

当咱们有一个精心设计的均衡投资组合，一个适合自己情况的投资组合，那咱们除了关注一下基金公司是不是有大的变化，咱们的基金是不是保持原来的投资策略，另外一两年做做再平衡，还有什么事情可以干呢？净值的涨跌、热点的轮换、重仓股的比例你有必要关心吗？

14.

“核心式”投资组合和“再平衡”

那投资组合怎么建立？我在这里介绍一种基金组合的思想，这也是我现在采用的方式。但好像并没有看到很多人讨论这个问题，所以就单独提出来和大家分享。

有朋友问起我现在的基金组合，我回答是“广发小盘、阿尔法和中国优势是我的核心，另外还有些易方达策略、富国天益基金等”，实际上我是采用一种叫“核心式”的基金组合思想。也就是围绕一个核心来构建自己的资产组合，尤其是拥有 3 只以上的基金时。

投资组合中的核心实际上是用来保证咱们最终投资目标实现的核心

部分。理论上它应该是一个相对稳定的、可靠的，甚至会让咱们感到无聊的部分。它不大会暴跌暴涨，也不会是一个黑马或者新星，它更多的是扮演一个老黄牛的角色，默默地拉着投资组合稳步前进。

如果可能，这个核心应该在你资产总额的70%～80%，至少也在50%以上。

最好的核心基金，理论上是一个大盘基金，而且应该是一个价值和成长平衡型的基金。也就是在晨星投资风格箱中的第一行的中间格。如果按照投资策略，上投阿尔法基金倒是符合这一标准，所谓的哑铃型投资方式——平衡价值型股票和成长型股票（可惜它实际上却被晨星分配到了大盘成长类基金）。

上述是一个理想情况的要求。但就目前中国市场的情况，设计这样一个核心，好像也不是一件非常容易的事情。当然，这个核心和咱们的投资风格有巨大的关系。

比如对我而言，我有较高的风险承受能力（风险承受能力90多分），还有20多年的投资期，而且并没有把老本都投资在基金上，所以倾向一个激进的投资组合，当然也就会选择一个激进的组合核心。因此，在我的核心里面，不但有上投阿尔法基金，而且有上投中国优势和广发小盘，是一个大盘和小盘结合，而且偏成长类的基金组合。短期风险大，长期收益也大。

以广发基金为例，如果你没有这么激进，比如一个混合型的投资者，也许你可以选择广发聚富来担当你的核心部分。如果再稳健一些，也许广发策略、广发稳健基金都是核心基金的选择。

除了核心部分，还有20%～30%甚至更多的部分是非核心部分。在非核心部分，完全可以发挥你的想象，去尝试各种基金。比如你有一个稳健的核心，就可以尝试很高风险的其他基金，如上投先锋基金、国际配置QDII、行业基金或者任何你看好的黑马、新星作为你的非核心部分。甚至，你可以选择一些股票作为非核心部分。

不指望非核心部分是一个稳定的部分，它是一个动态的高波动、高风险，也许是高收益，也可能是高亏损的部分。它是一个你投资组合中活跃的、激动人心的部分。如果你对你自己的判断充分信任，也许在非核心部分，你还可以去追逐一下波段，看看到底给你带来了什么。如果你无法摆脱“净值恐高症”，核心部分是一个低净值的基金，也许你可以试一试在非核心部分放点高净值的家伙。有人也把核心部分称为投资的“策略”部分，而非核心部分称为“可操作”或者“娱乐”部分。

2006年下半年发行的富国天合基金所谓“核心＋卫星”的资产配置模式其实和这个思想同出一辙。只是富国天合由于政策的原因还不能直接拥有其他基金，最多是一个复制其他基金的重仓股，而自己却没有这个限制，可以真正做到FOF。

“核心式”资产组合其实并不限制在基金投资上面，其实所有的投资都可以遵循这种思想。要提醒大家的是储蓄、国债、国库券、房子、和朋友合伙的公司都是咱们的投资，它们共同成为投资组合。所有这些总盘子中，应该有个稳定的核心。

当按照自己投资期限、风险承受能力以及投资目标，制定了核心和非核心的比例，或者制定股票基金和债券基金的比例，也就是建立好一个投资组合开始的投资计划。这还远远不够，还有一件非常重要的事情，就是比例的再平衡。

比如制定了自己的股票和债券的配置比例是7∶3。一年以后，股票涨得快，债券涨得慢，比例变成8∶2了，怎么办？这时候要卖掉股票，买成债券。如果再过一年，遇到熊市，股票大跌，比例变成了6∶4，这时就要卖掉债券，买入股票，使比例回到7∶3。这就是再平衡。

再平衡是很蹊跷的事情。从表面上看，你是卖掉一个上涨快的优良资产，买入一个下跌或者跑得慢的不良资产，但实际上这是一个“高抛低吸”的过程，是一种通过纪律性投资来进行卖高买低的过程，这符合市场是轮动的概念。更重要的是再平衡保持资产组合的稳定性，也就是风险和收益的平衡。有人用历史数据做过归算，再平衡的综合效益要远远高于不做再平衡的收益。一般一年到一年半才做一次再平衡，而再平衡也仅仅是一个微调过程，只是为了让组合不要偏离自己制定的目标。

15. 怎样读基金招募书

都说基金招募书是很重要的基金文件，可我相信并没有几个人去读它，原因最主要的是实在太长了。

随便一个招募书，都有四五万字，如果是 WORD 文档就有几十页到上百页，真不知道如何下手。虽然说招募书是最重要的基金法律文本，但对于咱们投资者要关心，或者说要重点看的并不多。下面我随便找个例子给大家看看。

例如上投阿尔法基金的招募书（大家有兴趣可以到上投摩根基金公司的网站看看：

http://www.51fund.com/download/alpha%20zmsms060526.htm #_Toc134155543

全文 4 万多字，分 22 章节：

一、绪言

二、释义

三、基金管理人

四、基金托管人

五、相关服务机构

六、基金的募集

七、基金份额的申购、赎回和转换

八、基金的投资

九、基金的业绩

十、基金的财产

十一、基金资产的估值

十二、基金的收益与分配

十三、基金的费用与税收

十四、基金的会计与审计

十五、基金的信息披露

十六、风险揭示

十七、基金的终止与清算

十八、基金合同的内容摘要

十九、基金托管协议的内容摘要

二十、对基金份额持有人的服务

二十一、招募说明书的存放及查阅方式

二十二、备查文件

要全部认认真真地看完，估计是不大可能的事情。上述内容中，我们最要关心的只有很少的部分，也就是第八章：基金的投资。

这章里面分11节：

(一)投资目标

(二)投资理念

(三)投资范围

(四)投资策略

(五)业绩比较基准

(六)风险收益特征

(七)投资风险管理

(八)投资限制

(九)基金的融资

(十)基金管理人代表基金行使股东权利的原则及方法

(十一)基金的投资组合报告

头三节非常重要，是要仔细看的。

投资目标

本基金采用哑铃式投资技术(Barbell Approach),同步以“成长”与“价值”双重量化指标进行股票选择。在基于由下而上的择股流程中,精选个股,纪律执行,构造出相对均衡的不同风格类资产组合。同时结合公司质量、行业布局、风险因子等深入分析,对资产配置进行适度调整,努力控制投资组合的市场适应性,以求多空环境中都能创造超越业绩基准的主动管理回报。

投资理念

实践表明,价值投资(Value Strategies)和成长投资(Growth Strategies)在不同的市场环境中都存在各自发展周期,并呈现出一定的适应性。本基金将价值投资和成长投资有机结合,以均衡资产混合策略建立动力资产组合,努力克服单一风格投资所带来的局限性,并争取长期获得主动投资的超额收益。

投资范围

本基金的投资范围为股票、债券、货币市场工具及法律法规或中国证监会允许的其他投资品种。股票投资范围为所有在国内依法发行的A股,债券投资的主要品种包括国债、金融债、企业债、可转换债券等,货币市场工具包括短期票据、回购、银行存款以及一年以内(含一年)的国债、金融债、企业债等。在正常情况下,本基金投资组合中股票投资比例为基金总资产的60%～95%,其他为5%～40%,并保持不低于基金资产净值5%的现金或者到期日在一年以内的政府债券。

如果法律法规对该比例要求有变更的,以变更后的比例为准,本基金的投资范围会做相应调整。

上述三节清楚地陈述了上投阿尔法的投资方向和资产组合情况。资产组合尤其重要,通过这个就知道了这个基金股票和债券的比例,也就是投资激进程度。股票越多,风格越激进。

第四节是投资策略,其实就是讲它们怎么选择股票和债券,例如备选股票库如何建立等等。

第五节是业绩比较基准。这个我大概能看明白，但说不很清楚。基本是说这个基金是和什么样的指数做比较。

剩下的几节就是一般性地描述了。

另外在第十二章，基金的收益与分配中有对分红的解释，其中最重要的是分红次数和数量，对于阿尔法而言"本基金收益每年最多分配 4 次，每次基金收益分配比例不低于可分配收益的 60%"，这里的次数和比例对于不同的基金是不一样的，如广发小盘最多 6 次，最少 1 次，比例是 100%。

基金收益的构成由："(1)买卖证券差价；(2)基金投资所得红利、股息、债券利息；(3)银行存款利息；(4)已实现的其他合法收入。因运用基金财产带来的成本或费用的节约应计入收益。"

要注意最后一条，也就是如果基金的证券买卖不频繁，换手率低。那就会带来成本和费用的节约，也就是增加收益。

当然分红还有些条件，这在招募书里也有说明。这章里面还有一条"基金收益以现金形式分配，但基金份额持有人可以事先选择将所获分配的现金收益，按照基金合同有关基金份额申购的约定转为基金份额；基金份额持有人事先未做出选择的，基金管理人应当支付现金"。这就是说，无论选择红利再投资还是现金分红，基金收益都是先以现金形式分配。也就是为了准备分红，基金必须准备现金。

招募书的重点也就这些，当然其他的不能说没有意义。

说老实话，招募书我也没有读几篇啊。呵呵。

16.

三个参考组合

按照我的思路，在这里建立了三个投资组合供大家参考。要必须说明的是，这仅仅是一个参考组合，并不是推荐，也不具备指导意义(据此入市，风险自担)。这些组合应该说只是组合的核心部分，而非核心部分则你可以尽情地自由选择。而且，由于对上投摩根基金公司和广发基金偏爱，也就仅仅选择这两家公司的基金作为候选。

如果是一个长期投资者，比如离退休还有20年，而且对短期风险和长期收益之间的关系也有深刻理解，那就可以建立一个非常激进的投资组合。可以选择：

广发聚丰基金：25%

广发小盘基金：25%

上投阿尔法基金：25%

上投优势基金：25%

这四个基金应该说是这两家公司中最激进的四个股票基金(上投先锋基金还在封闭期，而且太新，按照我的原则，暂时不考虑)。从长期看，最终的收益是会较高的，但短期的风险也是很大的。

如果是一个中期投资者，比如有10年左右的投资期，风险承受能力也不是最强，但也不弱，那就可以建立一个"成长型"组合，例如：

广发聚富基金：50%

广发策略优选基金：25%

上投阿尔法基金：25%

这个组合里面有大约25%左右的债券，所以会比激进型组合要平稳点，但长期收益也会弱。

如果投资期限在3～5年，而且心理承受能力一般，就可以建立一个平稳点的组合，例如：

广发稳健基金：50%

上投双息基金：50%

在这个组合里面，债券的比例就更大了。当然就更平稳，长期收益更低。

必须要强调的是，所谓激进、成长和平稳，都是相对于较长的周期。

短期内，很可能平稳组合的收益比激进组合的收益还要大，也可能激进组合比平稳组合波动还小，这些都有可能啊。

如果定下这些比例，就可以在一年以后做再平衡，始终保存这种比例。这样就保证了长期的风险控制和总体收益。

第四章
三步曲之三：操作方法的实施

1. 去哪里购买基金

当咱们经过左思右想、翻来倒去，终于根据自己的情况选择好了几只基金，下一步的问题自然是如何去购买这些基金。

购买开放式基金最常见的渠道有两个：(1)到银行去购买由银行代销的基金；(2)通过互联网，采用网上直销的办法到基金公司直接购买。这两个方式各有各的好处。

银行是代销基金的一个非常重要的渠道，几乎所有的基金都和不同的银行有销售合作关系。例如交通银行就代销上投摩根公司的中国优势和阿尔法等几十只基金。在银行购买基金最大的好处莫过于方便。现在中国的银行网点随处可见，只要去办理非常简单的手续，就可以用银行卡上的存款购买此银行代销的各种基金。但缺点也非常明显，一个是申购费没有优惠；二是每个银行代销的基金有限；三是如果你直接到柜台购买基金，很容易被基金销售人员“忽悠”。很多银行都有基金的销售任务，如果你没有清楚的认识，很容易就成为它们完成任务的牺牲品。

不过，购买银行代销的基金也可以通过网上银行来进行。这样就可以在计算机旁来随时申购和赎回基金。

我的第一只基金就是通过银行代销购买的。当时对国内基金和基金销售情况并不了解，结果几乎花了一整天的时间去“逛”银行。去不同的银行去看各种宣传广告，向不同银行销售人员咨询。但由于预见到销售人员的推销能力是超乎想象的，为了不稀里糊涂地就把钱投入进去，我身上并没有带钱。也就是只“逛”银行，不买基金。后来我发现我当时做了一件非常正确的事情，你几乎随时都可以在各种基金论坛上遇到无数购买了莫明其妙的基金的朋友，他们几乎都是被银行的销售人员忽悠了。逛了一天银行后，基本摸清了基金大体情况。于是第二天先开了基金账户，再开通了网上银行，最后购买了一些货币基金。当然货币基金绝对不是我投资的目标，但经过这一系列的过程，购买基金的通道已经完全畅通，而且把钱放到了基金账户里面。这样无论在家里，还是在单位，我都可以轻松地控制我的投资了，既不用跑到银行柜台去排队，也避免了被推销人员影响。

通过银行购买基金的确很方便，但有两大劣势：(1)贵。在大部分银行认购/申购基金都没有任何优惠，不得不支付全额的认购/申购费用。(2)后操作不方便，比如基金转换。由于单一银行代销的基金有限，不大会覆盖一个基金公司中所有的基金，这样如果咱们需要在同一基金公司的不同基金中进行转换的时候，就会常常无法操作。

另外一种常用的基金购买方式就是基金公司网上直销，也就是通过互联网登录基金公司的网站，并使用基金公司认可的网上交易银行卡进行转账、交易基金的方式。比如咱们希望购买广发基金公司的基金，就可以访问广发基金公司，注册登录，并使用广发银行卡、兴业银行卡或者建行卡来购买广发基金公司旗下的各种基金。

网上直销第一个好处是便宜。一般网上直销对于采用前端收费方式都有优惠，例如广发基金网上直销享受 4 折优惠，易方达公司直销享受 2 至 4 折优惠，上投摩根基金公司直销享受 6 折优惠等。大大节约了基金购买成本。

第二个好处是由于直接在基金公司购买，这样就可以在基金公司发行的各种基金中进行方便的转换。

但是网上直销也有一个很大的缺陷。这就是每个基金公司支持的银行卡是不一样的，而且咱们最常见的工行卡、建行卡、农行卡仅仅被很少的基金公司支持，而相对被最广泛支持的反而是名不见经传的兴业银行卡。这样，在一些中小城镇，甚至根本没有兴业卡。这给想采用网上直销方式购买基金的朋友增添了非常大的麻烦，即使咱们能在大城市的兴业银行开户，也存在转账的问题。

2. 网络安全吗

无论是网上银行还是基金公司直销，都存在互联网安全的问题。这对很多人来讲都是一个非常担忧的事情。

一般来讲，网上交易还是比较安全的，不安全的隐患主要还是在自身方面。网上交易主要包括三部分：(1)自己的计算机；(2)银行或者基金公司的服务器；(3)自己计算机和服务器之间的通讯连接。在这三个方面中，银行和基金公司的服务器相对来说是最安全的部分，除非它们有内贼。计算机和服务器的通讯连接部分，一般都会采用信息加密方式传输用户的账户和口令，这也是比较安全的，不大会发生中途信息被截获的事情。最危险的部分还是自己的计算机。

虽然说计算机天天在自己的手边，但绝大多数人对自己的计算机疏于管理,尤其是非计算机专业人士。大多数人知道计算机病毒的存在,也知道有什么木马程序或者间谍软件,但很少有人认认真真地做防护。要知道这些病毒或者木马程序会把你键盘输入的账户密码悄悄地发送到其他地方去,也就是盗窃这些最关键的信息。几乎所有的个人计算机都有这种或者那种的防病毒软件,但却很少有人实时地更新病毒库。安装一套防病毒软件或者防护墙工具是很容易的事情,但绝对不是说防病毒软件就可以包办一切。要知道计算机病毒发展是如此之快,可以说是日新月异,用一套旧的防护体系去防止新的病毒,可以说是自欺欺人。好在大多数正版防病毒软件都提供实时的新病毒库下载和软件更新,这就是给咱们一个时刻更新的挡箭牌,我们必须充分利用这个功能。计算机防护软件,例如杀病毒软件、防间谍程序、上网助手之类的软件,必须开启自动更新功能,这是非常非常重要的。而且,我非常强调的是这些防护工具一定要安装正版程序,在这个方面千万马虎不得啊。

如果只是普通的用户,病毒对计算机的影响恐怕只是让计算机性能降低,或者经常弹出一些乱七八糟的网页,让咱们使用起来非常不方便。但对于要通过网络进行金融交易的人,计算机的安全就太重要了,再怎么强调都不过分。我在计算机领域工作 10 多年了,看到有太多太多的人对计算机的防护没有深刻的认识。当计算机出现问题的时候,大多数人只是抱怨防病毒软件没有工作,或者说:我的计算机怎么会感染病毒呢? 不可能的。殊不知,他们不进行病毒库的更新,也不知道上网或者别人的 U 盘都会把病毒悄悄地带入他的计算机。这首先是态度问题,然后才是技术问题。但他嫌麻烦,不去做这些防护,或者对细小的不正常忽略不计的时候,潜在的危险就已经进入他的计算机。所以,我要三番五次地强调对自己的计算机要认认真真地维护,千万不能抱有任何侥幸的心理。

还有一种网络诈骗是用网站诈骗的办法,例如有人做一个表面和银行或者基金公司完全一样界面的网站,再给你用邮件的形式或者其他网站连接的形式骗你到这个假网站上去，当你向操作真网站一样输入账户和密码以后，他们就存下来这些东西，那你就非常危险了。所以我们必须识别哪些是真网站，哪些是假网站。不要从任何链接中进入网上银行，一定采用自己输入或者自己的收藏夹。这也是非常重要的。

还有，千万不要在邮件或者电话上透露自己的密码，这些都是常用的欺诈手段。

网上交易给咱们非常多的方便，但如果不树立风险意识，那就会成为灾难。这和投资是同样的道理。

3. 选择前端还是后端收费

在申购基金的时候，都会涉及一个问题，就是如何支付申购费用，是选择前端收费还是后端收费？要说明的是并不是所有的基金都提供申购费的后端付费方式，但如果有这种选择的时候，是必须考虑的问题。

下面是从广发聚富基金那里复制来的申购费率表格。

表 4－1　前端收费模式（在购买基金时收取认购费或申购费的收费方式）

购买金额（M）	认购费率	申购费率
M＜100 万	1.0％	1.5％
100 万≤M＜500 万		0.9％
500 万≤M＜1000 万		0.3％
M≥1000 万	不超过 1.0％	每笔 1000 元

表 4－2　后端收费模式（在购买基金时可以先不用支付认购费或申购费，而在赎回时支付，基金持有年限越长，费率越低，直至为零）

持有期限（N）	认购费率	申购费率
N<1 年	1.8%	1.8%
1 年≤N<2 年	1.5%	1.5%
2 年≤N<3 年	1.2%	1.2%
3 年≤N<4 年	0.9%	0.9%
4 年≤N<5 年	0.5%	0.5%
N≥5 年	0	0

表 4－3　赎回费用（投资者在赎回基金份额时，应交纳赎回费用。赎回费率随赎回基金份额持有年限的增加而递减，直至为零）

赎回期限	广发聚富基金
N<1 年	0.5%
1 年≤N<2 年	0.3%
N≥2 年	0

如果投资人在申购时选择后端申购模式，则赎回份额的计算方法如下：

赎回总额＝赎回份额×赎回当日基金份额净值

后端申购费用＝赎回份额×申购当日基金份额净值×后端申购费率

赎回费用＝赎回总额×赎回费率

赎回金额＝赎回总额－后端申购费用－赎回费用

赎回金额的处理方式：赎回金额为按实际确认的有效赎回份额乘以申请当日基金份额净值并扣除相应的费用，四舍五入保留到小数点后两位，四舍五入部分代表的资产归基金所有。

首先要说明一点，无论前端收费还是后端收费都是针对申购费，即便是后端收费也是还要再交赎回费的，所以在下面的计算中暂时不用讨论赎回费。

假设投资10000元，前端费率先按银行代销1.5%计算，那前端收费后实际投资金额就是9850元。

如果假设年收益10%，收费费率1.5%，采用前端收费和后端收费的收益情况见下表。

表4-4　采用前端收费　　单位：元

持有年限<	1	2	3	4	5	6
扣除前端申购费后的总资产	10835	11918.5	13110.4	14421.4	15863.5	17449.8
收益	835	1918.5	3119.4	4421.4	5863.5	7449.8

表4-5　采用后端收费　　单位：元

持有年限<	1	2	3	4	5	6
总资产	11000	12100	13310	14641	16105	17715.5
扣除后端申购费后的收益	820	1950	3190	4551	6055	7715.5

显然，如果持有1～2年以上，收益在10%的时候，后端收费就有优势了。基金持有的时间越长，后端收费越有优势。

很容易计算，如果年收益在20%，一年后，采用前端收费的收益就在1820元，采用后端收费的收益也在1820元。也就是如果咱们的年收益在20%，采用后端收费就和前端收费方式持平。收益率越高，采用后端收费越有优势。

如果采用基金公司直销方式，前端收费就有折扣。如果费率按照0.6%计算，那前端收费后实际投资金额就是9940元。1～6年的收益情况如下：

如果假设年收益10%，采用前端收费费率0.6%，收益情况见下表。

表 4－6　费率 0.6%收益情况　　单位：元

持有年限<	1	2	3	4	5	6
扣除前端申购费后的总资产	10934	12027.4	13230.1	14553.2	16008.5	17609.3
收益	934	2027.4	3230.1	4553.2	6008.5	7609.3

如果年收益 20%，那一年后，采用前端收费的收益是 1928 元；两年后是 4323.6 元。采用后端收费方式，收益是 1850 元和 4310 元。也就是持有两年以上，采用后端收费方式就有优势。

比较一下，如果采用基金公司直销方式，要持有 2～4 年以上，后端收费就显示出优势。

综上所述：如果在银行购买代销基金，建议采用后端收费方式。如果是采用基金公司网上直销，可以考虑前端。因为 2～4 年还是很长的时间，而且市场的事情变化太快。20%的年收益率恐怕也不是年年都可以达到的。但是按照 2006 年的情况，还是选择后端收费方式合适。

非常可惜的是，很多基金都不提供后端收费方式。实际上后端方式是为了鼓励大家长期持有基金，这也是非常合理的。

4. 红利再投资：分红方式的首选

一般来讲，开放式基金间隔一段时间都会进行些分红，也就是给基金持有人返还一些资金。

按照理论上来讲，基金分红有下列的条件：

(1)基金分红应当采用现金形式，每年至少一次。分红比例不得低于基金净收益的 90%。

(2)基金当年收益应先弥补上一年亏损后,才可进行当年分红。

(3)分红后,基金净值不能低于原来面值,也就是1元。

(4)符合基金契约的相关规定。

对于这些分红的资金,原持有人可以采用红利再投资的方式再投入到基金中,也可以采用现金分红的方式把资金提现。在咱们购买基金的时候,都要求选择红利分配的方式,也就是红利再投资或者现金分红。

红利再投资,就是将分得的现金红利继续投入该基金,增加原基金的持有份额,不断滚动,扩大投资规模。对于这种再投资,一般基金管理公司是不收取申购费的,它们非常鼓励投资者继续投资本基金。如果投资者看好这一基金,我也建议采用基金红利再投资方式。但如果需要现金或者再平衡投资组合,应该选择现金分红方式,因为现金分红是不收取基金赎回费用的。大多数基金公司都会允许投资者随时更改分红方式,无论通过网络或者柜台,都是很容易进行分红方式的更改的。

很多朋友,尤其是刚刚投资基金的朋友非常喜欢分红,甚至很多人还关注是在分红前购买基金好,还是分红后购买基金好。其实分红并不是那么诱人的。如果问我喜欢分红吗?我会说不怎么喜欢。给钱不要,难道不是傻子啊?呵呵,那看是给的谁的钱啊。

分红是基金公司给咱们的奖金还是红包?实际上都不是。分红不过是把本来就是咱们的钱又还给了我们自己,不过是把咱们左口袋里面的钱放到右口袋里面而已。难道就为这咱们还得感谢不成?

有过一次分红经历的人都知道,分红后净值会下跌,而且分多少跌多少,分得越多,跌得越狠。例如,一个原来净值1.5元的基金,分红方案是每10份基金分红0.1元,也就是1份分红0.01元,那分红后的净值就变成了1.49元。实际上咱们的总资产并没有任何变化。

算一笔账,暂且不考虑申购/赎回费用,也不考虑净值的涨跌,用一个非常极端的例子,这样好算。假如一个基金净值2元,明天来个大分红,10份基金分10元。呵呵,真是大大的分红啊,可这是天上的馅饼吗?算一算吧。

比如今天，投进去 10000 元，买了 5000 份（2 元一份），总资产也是 10000 元。明天一分红，10 份分 10 元，5000 份结果分了 5000 元红利。咱们有 5000 份基金和 5000 份红利。可是净值也跌到 1 元了啊（10 份分 10 元，就是 1 份分 1 元，净值就跌 1 元）！结果咱们还是 10000 元资产。其实什么都没有得到！如果采取现金分红，咱们又拿回来了 5000 元现金，实际上咱们就投入了 5000 元在基金上；如果选择红利再投资，结果又买了 5000 份基金，份额倒是从今天的 5000 份变成了 10000 份，可净值从 2 元变成了 1 元，结果总资产还是 10000 元。

如果要考虑申购费，事情就更滑稽了，因为申购费可是不在分红内啊。在上面的例子中，虽然咱们采用现金分红，可咱们申购时候的手续费可是概不退还啊。也就是白白丢了 5000 元基金的申购费用。

为什么分红后净值会跌？比如分红前，一个基金有 25 亿份，净值是 2 元，总资产就是 50 亿元。如果来个 10 份分 10 元的分红，就是分掉 25 亿元的红利，这时候总资产就变成了 25 亿元。25 亿元的资产，25 亿份的基金，当然净值只有 1 元了。

红利本来就是咱们自己的钱，基金公司用咱们自己的钱来给咱们发红包啊。其实再想想，除了赎回费，分红和自己主动赎回又有多大区别？

为什么会有分红？分红实际上是从股票那里学来的东西。基金分红在美国和税制有非常大的关系，另外也是很大程度上迎合我们的心理。建议大家采用红利再投资。要那点分红的现金干什么呢？拿走了现金，实际上是减少了投资规模啊。看到过一个数据，美国道琼斯指数是不计算分红的，1896 年道指为 40 点，1998 年道指是 9181 点，如果考虑分红，并使用红利再投资，你猜 1998 年道指会是多少？652230 点！也就是经过 100 年，如果你使用红利再投资，你的收益是采用现金分红的 65 倍！

有些朋友喜欢分红，认为分红是落袋为安，是把“浮赢”转化成“实赢”。对这点，我有些看法和大家商榷。

如前所述，最推荐的红利再投资其实和不分红是没有本质区别的，无非是钱到你眼前转了一圈，然后又回到市场里面。只要钱在市场里面，其实就“安”不了。对于现金分红，大家也知道实际上是自己的本金减少了。如果不考虑赎回费，和部分赎回也没有区别。你把钱从市场拿出来了，当然是“安”了，可是也就是失去了赚钱的机会。投资本来就是用风险去换取收益，所谓的风险溢价。没有了风险，也就没有了收益。

市场波动的时候，很多朋友都在讨论是不是要落袋为安。做波段的坏处咱们不再讨论，问题是现在咱们撤出市场，是不是就“安”了呢？是的，短期咱们是“安”。比如 2007 年 5 月 29 日撤出市场的朋友，因为 5 月 30 日的大跌，在 6 月的头几天真的非常心安。可是随着市场掉头向上，踏空以后就又不安了。如果他们在底部又冲了进来(非常棒，抄到一个底，多赚了 10%)，可是进入市场后，风险就又回来了。而那些割肉的，但还没有回到市场的朋友恐怕更麻烦。如果重新进入，那不但什么都没有得到，恐怕还亏了。如果不进入，却有继续踏空的危险，显然也不“安”。当然市场大跌，跌到上次的底部以下，那倒是有可能抄到更低的底。但只要你回到市场，你就没有“安”。

除非不投资，除非咱们离开证券市场，那永远没有落袋为安的时候。转头想想投资房地产，你认为现在你的房产的盈余是实赢还是浮赢？显然也是浮赢啊。再看看开公司，投资公司自然也是有涨有跌，效益好的时候资产的膨胀其实和股票市值的增值没有本质的区别。任何投资都不是储蓄，任何投资都有风险，任何投资的盈利都是浮赢，只要你在市场中。

只有当咱们最终的投资目标达到的时候，咱们真正撤出市场，才可能真正地“安”，否则永远没有什么落袋为安。

只有金盆洗手之日，而没有落袋为安之时。只有金盆洗手，才真正能把浮赢转换为实赢啊。

那问题就简单了，现在是你金盆洗手的时候吗？如果你的投资目标达到了，找个高点，把基金一卖，该怎么享受就怎么享受吧。如果投资目标没有达到，继续承担风险吧，别无选择。分红并不改变什么。

总之,分红并不是一个在基金购买中的关键问题。分不分红,对于长期投资者并没有太大的意义,另外红利再投资是一个好选择。

5. 千万不要波段操作和预测市场

下面是一张上证指数从 1990 年 12 月到 2006 年 12 月的变化图。

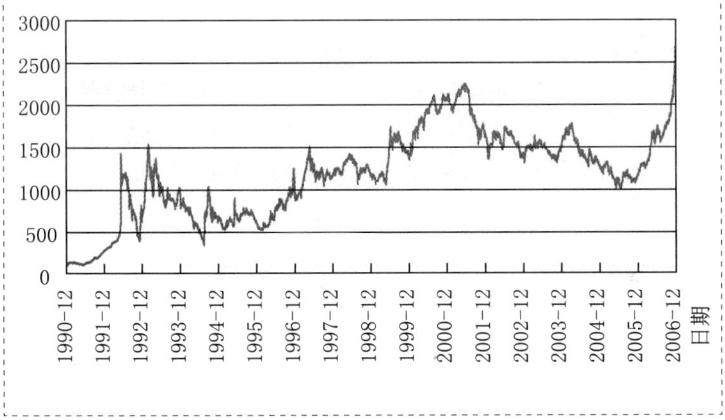

图 4-1　上证综指 1990 年 12 月至 2006 年 12 月的走势图

几乎所有的人都会想,如果能在 1992 年 11 月市场的一个低点买入,然后在 1993 年 2 月市场的高点卖出;再在 1994 年 7 月底的低点买入,9 月中的高点卖出;在 1995 年 5 月中的低点买入,8 月的高点卖出,那将是多么美妙的事情。

在市场的低点买入,再在下一个高点卖掉,然后又去抓住下一个低点买入,在另外一个高点卖出,长此以往,这就是所谓的波段操作。波段操作的拥护者认为这是一个获得"超额收益"的好办法,因为这不仅仅可以享受市场长期上涨的趋势，而且还可以在短期内，捕捉市场的脉搏而快速致富。高抛低吸，这本来也很符合市场的原则。但问题是咱们能号准这个脉吗？

再来看两张图：

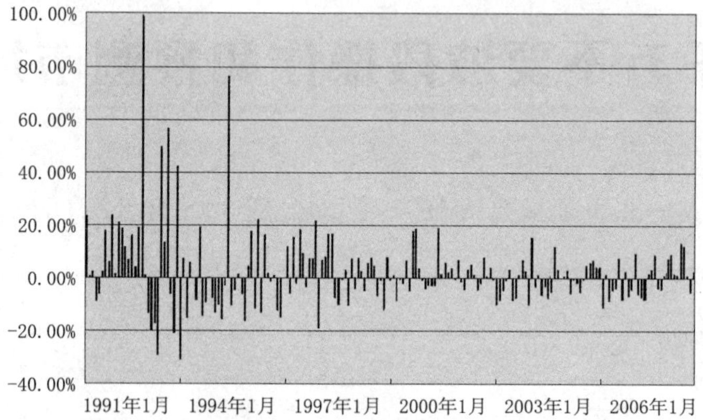

图 4－2　1991 年—2006 年月收益的变化图

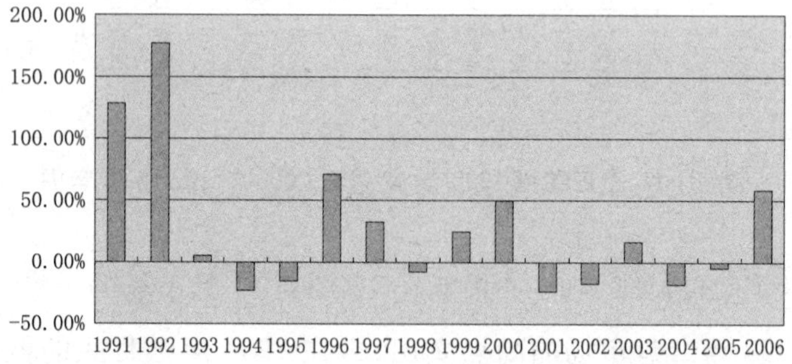

图 4－3　1991 年—2006 年年收益的变化图

从两张图可以看出，无论是月收益还是年收益的变化是没有任何规律的，也就是从这个月或者今年的情况，完全没有办法预计下个月或者明年的情况。今年涨，不一定明年也涨；这个月跌，也不意味着下个月也跌。

这就是所谓的市场不可预见性！

虽然在股票市场上也有很多“技术”派理论试图从市场过去的数据推断出未来的情况，但现代市场理论已经完全证明了市场是没有规律可循的，也就是说市场是完全不可预测的，任何预测市场的方法都是徒劳无功的。这点非常非常重要。

无论是理论家还是投资大师们都明确表示：不要去预测市场，因为市场是不可以被预测的。

显然波段操作是基于对市场的预测。因为你得判断市场是不是已经在一个高点，那你就要卖出；如果判断市场已经到了最低点，那你就得买入。只有这样才能获得所谓“超额收益”。但经常是你判断的高点并不是真正的高点，低点也不是真正的低点。当你在一个自认为的“高点”卖出后，市场却继续走高，结果你就处于一种所谓“踏空”的状态；而在“低点”买入以后，市场继续下跌，结果“被套”。由于是希望追逐波段，这种“踏空”或者“被套”的压力将完全打破计划，最终的结果是在一个“高点”卖出后，在更高的地方又买入，因为怕踏空；或者在一个“低点”买入后，在更低的位置又卖出，因为怕“被套”，结果损失巨大。

投资大师们的建议是不要做任何的波段操作，不要预测市场是在高还是在低。也许做一、两次波段操作会成功，这不奇怪。但市场分析家们通过对历史数据的分析证明了，除非你能有70%以上的对市场的正确判断，否则波段操作还不如长期持有，根本不理会市场波动，而且跟随着这种上涨下跌得到的最终结果。可谁能做到对市场有如此之高的判断能力呢？这是不可能的。

但波段操作的诱惑实在是太大了，那些波段操作成功人的得意也实在让咱们眼红。波段操作好像又是那么的容易实现，放着钱不拿，岂不是太愚蠢啊？这就是贪婪。

一定要放弃波段操作。投资大师没有一个是波段高手，而炒股炒砸者多是玩波段的。大家都知道市场是不可以预测的，可还有那么多人不信，还有那么多人要去试验，还有那么多人相信预测，可见贪婪的力量是多大。

在美国先锋(Vanguard)基金公司的所有基金招募书上都有同样一句话:

DO NOT INVEST WITH VANGUARD IF YOU ARE A MARKET-TIMER。

这句话的意思是:如果你是一个选时(波段)操作者,就不要投资先锋基金公司。因为波段操作不但害己还害人。不停地对基金买入卖出,必然影响基金整个的投资战略,因为它们得不停地应付现金的进入和流出。所以,美国一些基金公司规定,如果你在卖出后,60天内不得买入同样的基金,就是为了控制这种波段操作行为。

据说华尔街有句名言:市场是由贪婪和恐惧而推动。而波段操作就是贪婪和恐惧最好的体现,这两种情绪的交叉最终会导致你心态完全的不平衡,但心态却是投资中最重要的东西。

伟大的投资大师巴菲特说过,投资"主要是在于避免做出愚蠢的决策,而不是在于做出几个非凡的英明决策"。这就是说:投资最大的敌人是自己犯的错误。曾经有人做过一个统计,说网球的打法有两种。一种是职业高手的打法,一种是其他人的打法。在专业比赛中,80%的得分是靠主动的进攻得到的。而在业余比赛中,80%的得分是靠对方犯错误而得到的。职业比赛是一种赢家的游戏,而业余比赛就是输家的游戏。

散户投资,就是一种"输家的游戏"。不要做梦靠自己的判断去战胜大盘,去获得超额的收益,比如预测市场、波段操作等等。要做的只是不被大盘落下,不犯错误。实际上连巴菲特都不去做"非凡的英明决定",何况我们呢?

世界上有两种飞行员,一种是"大胆"的飞行员,一种是"老"的飞行员。但没有"老的大胆的"飞行员。你是愿意做一个"老"的投资者呢,还是做一个"大胆"的投资者?这就是《投资艺术》一书中阐述的投资是"输家的游戏"的观点,我也非常赞同这个观点。

"波段操作是邪恶的观念,想都不要去想!"

6. 各领风骚的一次性投资和定投技术

波段操作是千万不要做的，那怎么样投资是比较好的方式呢？

一种方式是一次性投资。由于市场的长期趋势是向上的，因此投入得越早，最终的收益越大。如果咱们有一笔资金决定进行投资，那就可以采用这种一次性投资的方式，直接进入市场。但市场短期是有起伏的，尤其是中国市场的波动性非常大，这样如果在一个相对的高点进行一次性的投资，一般来讲不是特别有利的。所以，我建议采用分步进入市场的办法，可以把这笔投资分成几个份，在不同的时期投入市场。这样，也许不是一个最好的结果，但也不会是一个最差的结果。当然在投资过程中，你发现市场有较大的变化，也可以加快投资的步调。

其实这种分步投资的思想来源于另外一种非常好的投资方式：定投。如果咱们无法做一次性投资或者做完一次性投资后还有资金到位，就可以考虑定投的方式。

定投的标准说法是定时定额投资。也就是说，咱们在一个固定的日子，对某一基金投入固定的资金。例如咱们每个月的1号固定在一个基金上投资1000元，而根本不管当时这个基金的净值是在高位还是低位。

这样做的结果是：如果市场在高位，1000元资金买入的基金份额就少；如果市场在低位，买入的基金份额就多。这就是定投的第一个好处：长期平均下来，得到的是一个平均的投入成本，也就是平滑掉了市场短期的波动。

第二个好处是，对于工薪阶层，可能无法一次拿出一大笔钱去投资养老，但在不影响生活标准的情况下，每个月可以有部分节余投入市场。这样，定投就解决了这个问题。

最大的好处是第三个，定投不用去考虑市场的情况，无须预测市场。

也就是说不用在贪婪和恐惧中煎熬。投资中最忌讳的心理是“贪婪”，而绝大多数人都克服不了贪婪，结果就过于自信地认为自己可以把握股市的波动获得额外的收益，最终是获得了“额外的损失”。定投就可以逼迫咱们克服贪婪。这是一种强制性的非常有纪律性的投资方式，别去考虑股市的涨跌，也不要试图抓住这种涨跌。要知道严格的纪律性在投资上是非常重要的。大家可以去看很多基金的基金招募书，哪个基金公司都会强调基金经理会用严格的纪律性进行投资。人都是贪婪的，没有纪律性的投资最后一定害了自己。

定投可以是任何时间间隔的，可以间隔一个月做一次，也可以一个季度、半年一次。这完全取决于资金到位情况。

定投得到的是一个平均的状况，就是定投这段时间的平均效应。最后的买入成本不会是最高，也不会是最低。用我的话说，就是“不求有功，但求无过；不求最佳，但求平均”，这其实也符合“输家的游戏”的思想。

有人说定投是懒人的做法，咱们为什么不每个月都去寻找一个低点去买入呢？这就是所谓的“自由定投”。我不赞成这种做法，因为这又回到预测市场的陷阱里面。要寻找低点，就不得不判断现在是不是低点，或者明天会不会更低。像2006年11月这种情况，市场持续上涨，如果采用“自由定投”的方式，估计很难找到市场的进入点。长此以往，因为人为的干预，最后也就失去市场平均的效应，最终失去定投最大的特性。

经常有人问：“我想定投，请您推荐一个适合定投的基金”。那我要说，这种问法也是很不对的。定投只是投资的一种方式，而不是目的。咱们得首先选择一只基金，再来考虑是否采用定投。而基金的选择是依赖于自己的投资期、风险承受能力等因素，而是否定投不是选择基金的要素。这就像我们先说要去火车站，然后再考虑是坐公共汽车去，还是打的去。反过来，咱们先说一定要坐公共汽车，再考虑是去火车站还是飞机场就很滑稽了。

还有朋友问什么样的基金更适合定投，是波动大的还是波动小的？我的答案是都适合。回头再看咱们前面讲的定投的三个好处，这和基金本身的特性没有任何的关系。也就是无论定投激进的基金还是平稳的基金都具备这三个好处，因为即使再平稳的基金也会有波动。其实即便是货币基金，咱们也可以采用定投的方式，如果这样，就非常类似一个“零存整取”的储蓄。

定投是一个非常好的方式，也是一个我非常热衷的方式。而且定投是一个牛市、熊市都可以采用的方式。

但如果咱们手边有10万元要投资，结果把这10万元分成100份，定投8年，那也是非常可笑的啊。要知道市场是长期向上的，如果有条件，越早进入市场越好；如果没有条件一步到位，定投就是非常理想的投资方式。

中国的股票市场变化非常大，尤其是经历了2001—2005年熊市的朋友，对长期投资难以接受。但假设有一个指数型基金跟踪上证指数，那么如果在1990年上证指数是100点的时候投入10万元，那到2006年9月上证指数到1800点的时候，总资产就变成了180万元。但如果在1990年咱们拿不出10万元（在那个年代，这的确是非常大的一笔钱），而从1990年开始每个月从工资里面结余520元投资这个指数基金中，那到2006年9月，也会有23.4万元在基金账户中。更不用说如果再计算到2007年，那收益至少又是一个翻番。无论哪种方式，经历了16年的风风雨雨，咱们依然可以得到一个不错的收益。但同样可以看到虽然都是总资本10万元，但结果却有很大的区别。这同样说明一次性投资和定投的区别。

要注意的一件事情是，在国内现在的情况下，办理定投还只能在银行进行，也就是通过银行代销的方式定投基金，只要银行卡里面有足够的钱，在设定好的时间，银行就会自动地帮助购买基金，根本不需要操心。还有一个特点是，定投可以从一个非常低的门槛进入。一般的基金申购都要求1000元，但在定投的时候，这个标准可能降低到500元或者300元，这对工薪阶层非常有利。

但不是每个银行代销的所有基金都可以定投。例如，交通银行代销上投阿尔法基金，自己却不能在交通银行办理上投阿尔法的定投。这显然就非常麻烦，好不容易选择好一只基金，还要花很大工夫去寻找哪个银行办理这只基金的定投。

大多数基金公司直销是不办理定投业务的，我猜想这是因为基金公司不能主动到银行转账收款。所以，也就不能享受网上直销申购费的优惠。最理想的办法当然是通过网上直销定期购买同一只基金，但缺点一个是非常麻烦，另外是很容易不自觉地变成所谓的“自由定投”。不过，从2007年下半年，通过广发银行卡可以自己进行广发基金和易方达基金的网上直销定投业务，也就是可以享受网上直销的优惠。真希望这种方式能扩展到越来越多的基金公司和银行。

把一次性投资和定投结合起来使用是最好的方式。当年终发了奖金，可以一次性或者在较短的时间内投入市场，而每个月的结余就可以采用定投的方式积少成多。

7. 长期持有策略是制胜的法宝

实际上，基金最合适的持有方式是长期持有。也就是当咱们精心选定一些基金以后，尽可能长时间地持有它，而不因为一些暂时的因素抛弃它。

经常可以遇到这样的朋友，他们抱怨自己持有的基金跑得慢，落后于某只基金。于是就抛弃原来的基金，转换到那个跑得快的家伙上去。过段时间以后，又发现这只基金慢了，结果再换到另外一只。换来换去，钱没有赚到，申购费和赎回费倒是交了很多。更可气的是，好像一赎回哪只基金，哪只基金就开始涨；一申购哪只基金，哪只基金就不动弹。

其实这种现象也并不奇怪。基金投资股票经常有一定的方向性，也就是会重点投资某些领域的股票，这就是大家常说的“板块”。不同的基金根据自己的研究，会投资不同的板块。但是市场有一个非常奇特的现象，就是所谓板块的轮动。这个月可能是这个领域的股票在涨，下个月可能是另外一个领域的股票在涨，但这种轮动也是不可以预测的。基金公司通过研究可以预测某种板块的股票可能会涨，但没有人知道它什么时候会涨。是明天还是明年，这没有人能预测得出来。这样，当持有一只基金的时候，如果这支基金主要的投资板块没有启动，那很可能会比其他基金跑得慢。这时候，当发现边上那只基金，由于它投资的板块是当时的热点，涨得比手上这只快的时候，就会觉得心痒痒。可经常是放弃了现在这只，转换到"热点"基金的时候，那只基金的"热点"也开始降温。发现自己的基金不是热点需要时间，发现别人的基金是热点也需要时间，等实在受不了自己的基金而决定转到其他基金的时候，原来的基金恐怕已经悄悄预热，而别人的基金已经过了高潮。结果这种跳来跳去，不但徒劳无功，而且还缴纳了一堆买入卖出费用。

有一个我非常喜欢的比喻：

很多人都有过去火车站排队买票的经历。无论在哪个窗口排队，最终都可以买到票。当最开始选择的是排在哪个窗口的时候，一般只是随便估计一下哪个队伍人最少，因为大多数情况下，队伍的长短都基本相同。但当排上队以后，就会发现有时候自己的队伍走得快，有时候别人的队伍走得快。这时候是继续保留在原来的队伍中呢？还是在各个窗口之间跳来跳去，不断追逐走得快的队伍？大多数人都知道，保持一个队伍一直排下去可能是最好的办法，而那种跳来跳去的方式是非常糟糕的。

"保持一个队伍一直排下去"就是基金投资的长期持有策略。

基金的这种轮动是常见的现象。就说易方达基金公司，2006 年上半年，很多人都说除了易方达 50，什么易方达的基金都可以买。那时候，易方达策略基金是追捧的对象。可到了三季度，由于大盘蓝筹股板块的启动，易方达 50 开始爆发，很快就冲到了所有基金收益的前列，而这时候易方达公司的其他基金却萎靡不振，易方达策略也从晨星评级的五星跌到三星。这时候，在论坛上对易方达公司的批判此起彼伏。可进入四季度以后，易方达策略又重新启动。11 月，它的收益成为在 94 只同类股票基金中的第一名。如果上半年咱们持有易方达策略，三季度转换到易方达50，然后四季度又回到易方达策略，那当然是非常美妙，这要求咱们可以预测到哪只基金在什么时候会涨，什么时候会跌。但还有一种情况却更常见，也更合乎情理，那就是：上半年持有易方达 50，越来越觉得失望，因为它的兄弟易方达策略是那么火爆。当实在受不了的时候，就从易方达 50 转换到了易方达策略，可没有过多久，易方达策略却开始不景气。而当连续的打击彻底抛弃易方达基金公司的时候，无论是易方达策略还是易方达 50 都蒸蒸日上。其实无论是一直持有易方达 50 还是易方达策略都可以得到一个非常好的结果。

基金是一个适合长期持有的投资对象。基金公司也非常鼓励大家长期持有基金，例如赎回费随着基金的持有年限递减。长期持有对于咱们和基金公司都非常有利。

但长期持有策略并不是意味着当咱们购买了一只基金后就再不用管它。反正是长期持有，不闻不问不就行了？这种办法其实是非常危险的。

选择基金的时候是基于投资目标、投资期、风险承受能力；也基于这只基金的资产分配和投资策略；还基于这只基金背后的基金经理和基金公司的能力，等等。如果这些基本点都没有变化，长期持有一只基金当然也没有问题。但如果这些东西有所改变，就得考虑这只基金是否还适合咱们了。因此对于这些基本因素，必须进行跟踪，从而确保这只基金在基金组合里面一直保持合适的地位。

在我的博客(http://laok2.blog.sohu.com)里面，有朋友留言说“我怎么觉得这东西(基金)蛮像情人，老是让人放不下，总是心挂挂”，也有朋友说“我蛮喜欢新基金，期待它诞生，关注它的成长，经历它的痛，分享它的乐，忽然，有一天，一抬头，一回首，却发现它却已如一个美女或若一个美男，让你欣喜让你疯狂。而这其中滋味，犹如这人生，没有永远的痛，没有永远的乐，只有一种信念向上向前，这都是一种财富”，等等。

对自己持有基金的迷恋之情溢于言表。每个投资基金的人，或多或少都有这种情怀，基金高兴(上涨)，咱们兴奋；基金伤心(下跌)，咱们消沉。而且,如果有人对咱们持有的基金表示不恭,咱们会大怒、愤慨;当然如果咱们持有的基金也被别人所喜好,又会把对方当成知己。这好像和恋爱中的人的感觉有非常大的相似啊。

可我一定要说:别和基金谈恋爱。

可以喜欢那些基金,甚至喜欢基金后面的基金公司。可一定要提醒自己:为什么会喜欢这只基金。千万别"情人眼里出西施",无论她怎么样,都是她好。显然,如果开始选择正确了,会为自己的选择而自豪,为自己而自豪。如果选择错了,却会非常的遗憾,甚至不敢承认自己犯了错误。追求自豪和回避遗憾的心理,常常会过长地持有一只不适合的基金。而且持有的时间越长,就感情越深,越不想卖,虽然她已经很不可爱了。

别爱上基金,别用感情替代了理智。它对咱们好,咱们才对它好。它要咱们,咱们根本不用理它。长期投资可不是在一棵树上吊死啊。可以爱投资,但别爱上某只基金。

长期持有是非常好的投资策略,但也是有条件的,这条件就是这只基金是符合需求的。

在所有的论坛上,其实几乎都在讨论两个:什么样的基金好?现在是买还是卖的时机?

仔细想想,是不是都是这些问题:选基和选时?或者说如何选得好,如何买得巧?甚至还很容易把技术派和选时、基本面派和选基挂上钩。选得好,选到一个明星基,一个未来的5星,那是多么爽的事情。而买得巧,把握住一个回调的低点,大大加仓一把那又是多让人振奋啊。

不过,我现在越来越感觉到选基和选时都不是最关键的事情。选得好买得巧,不如守得住。

回想一下2006—2007年的行情,如果在早期随便什么时候进入,而且随便一个不是太糟糕的组合,如果坚持到现在的收益接近翻几倍不是太大的问题吧。但情况却不是这样,真正能翻几倍的人能有几个呢?大部分人是做不到的。原因只有一个,守不住啊。

现金为王,可是现金不会产生收益。买入基金才是第一步,卖出的价格才决定最后的收益。而在买入和卖出之间就是守！常言说：会买的只是徒弟，会卖的才是师傅。但我觉得：能劝住咱们守住不动的则是大师。咱们面对太多的诱惑、贪婪和恐惧。投资是对咱们自己人性的考量，而咱们的人性说到底是有弱点的。选得好、买得巧，也许都可以通过某种技巧、某种工具、某种帮助来实现，即便不能实现，也有参考。可守得住就只有靠你自己了。我守不住的时候，最常用的办法就是去看大师的书，所以才有“劝住咱们守住不动的则是大师”的感想。

在牛市中，再怎么样，守也好守。以前我最佩服的人是能在1000点买入A股的人，后来我佩服的是从2000点守到1000点，再守到6000点的人。在熊市买入需要的是勇气，而从熊守到牛的人却是需要毅力、耐心和信心啊。

8. 什么时候赎回基金

对于长期投资者而言，在两种情况下可能会进行基金赎回的操作：(1)这只基金不再符合自己的投资策略；(2)自己的投资目标已经达到。

投资组合是根据投资策略制定的。投资策略里面，我认为第一个要考虑的是投资期，第二个要考虑的是投资人的心理风险承受能力。但这两个因素都是会变化的。比如你开始制定的投资目标是准备养老金，而这时候你只有40岁，目标是60岁退休。所以开始的时候，选择了非常激进的投资组合。可过了10年，当你50岁的时候，投资期就缩短了，这时候就要开始考虑将激进的组合过渡到平稳的组合，比如增加债券的比例，这样确保你在要用钱的时候能基本不受市场大的波动的影响。另外一个方面，在刚刚进入市场的时候，你的心理情况可能很脆弱，大盘的跌宕起伏可能让你夜不能寐，那就应该选择平稳点的组合。但是随着对市场的适应，对投资理念的理解，你的心态趋于平和，这时候为获得长期更大的收益，可以逐渐增加投资组合中激进基金的比重。无论上述哪种情况，都要去考虑原来持有基金的赎回或者转换。

基金本身也是会变化的。当开始做资产组合的时候，你只是按照当时基金的情况进行考虑。但随着时间的变化，基金本身的资产组合和投资策略也会发生变化。比如，上投摩根基金公司的中国优势基金在开始发行的时候，股票的比例是定在80%，而现在增加到95%。那你可能就要考虑这种变化是不是自己需要的和能承受的。当一个本来规模中等的基金膨胀到一个巨型基金的时候，你也不得不考虑巨型基金在表现上和中等规模的基金的差异。尤其是原本一个激进型的基金在规模急剧扩大后，自然就会变化得不那么“激进”，也就是人们常说的船小好调头。另外，如果一个基金大规模的份额减少，也是非常恐怖的事情，因为太小的基金将面临清盘关闭的风险。这些也是咱们要考虑的东西。

基金经理和基金公司也是会发生变化的。基金经理的变迁在国内似乎是一个非常常见的现象。虽然大部分基金公司采用的是团队作战的方式，但基金经理作为一个“前锋”，依然是非常关键的。基金经理的变动往往意味着某种投资风格的变化，在这种情况下，咱们就一定要多多加以关注。也许离开赎回不是好的策略，但加倍的关注是必须的。基金公司更是一个要重点“盯防”的对象。无论是在国内市场还是美国市场，基金公司暴露丑闻并不是新鲜的事情。不要指望一个“肮脏”的公司下面会有一个为咱们利益服务的优秀基金。覆巢之下焉有完卵？咱们要做的首先就是选择一家信得过的，能为咱们谋福利的公司。说到底咱们是把钱给他们打理啊。如果基本的信任都没有，那还是算了吧。

基金的业绩表现是不是咱们需要考虑的因素呢？当然是的，但一定不是短期业绩。首先业绩的比较一定是要在同种基金之间进行的，如果一个基金在较长的时间内落后同类的其他基金，那事情就比较麻烦。我说的较长时间至少是用半年来衡量。但同时如果一个基金跑得比同类基金过快，也不是好事情，因为这也说明有什么不对头的地方。可能咱们原本想要一个平稳的基金，但跑得太快一般就是波动比较大，这就和我们的要求不一样了。

当有上面这些事情发生的时候，就得考虑是不是该赎回原来持有的基金了。

投资期快要结束时，投资目标基本要达到的时候，也要有个赎回策略。虽然投资期一般都比预想的要长，但最终总是要赎回的。不过也要注意到，即便准备60岁退休，也不是说到60岁的时候就需要把所有的投资都赎回。如果能活到80岁，那后面还有20年的投资期啊。所以要有一个策略，要一部分一部分地赎回。

显然在一个股市下跌的时候赎回基金是很不明智的。但为了不在最后的时候被熊市搞得进退不得，只能早做打算。最好是提前五年就做准备，把需要赎回的部分在市场较高的时候转换成平稳的基金，或者债券基金。这样，即便五年后遇到熊市，也不会在退休开始的时候没有钱用。不要冒不必要的风险去赌未来的市场情况，在任何时候都不要去预测市场。

赎回过程，我也建议采用分步的方式。中国的股市波动太快，分步赎回也会降低一些风险。在任何时候都要记住，控制风险是最重要的。

9. 基金膨胀带来的影响

2006年新基金销售火爆加上老基金的“持续营销”，百亿规模的基金已经不是什么新鲜事情了。于是我自己花了些时间在这方面做了些研究。

从互联网上查到2个关键数据：(这些数据是2006年12月的情况)：

(1)全球股市的总市值大约40万亿美元。其中美国占41%，约16万亿美元。

(2)中国当时的市场总市值不到7万亿人民币,约8500亿美元,占全球市场的2%多一点。

这也就是说,虽然2006年中国股市翻番,中国的总市值也只大约是美国的5%。

再来看股票基金市场。下面的数据主要来源于美国晨星网站。

总体来讲,美国基金平均规模不到18亿美元,也就是约万分之一美国总市值。巨型基金在1000亿美元以下,比如先锋500指数基金,现在是700亿美元,也就是占美国股市总市值的0.43%。但要注意这是只被动型的指数基金。

当基金庞大到一定的时候,一般都会对新投资者采取关闭策略。

先看大盘基金,大盘基金平均规模不到20亿美元。看两个庞然大物,就是原来皮特·林奇管理的富达公司麦哲伦基金,现在规模450亿,约占美国总市值的0.28%,但这只基金已经对新投资者关闭多年。先锋公司的PRIMECAP、晨星五星基金,也已经关闭,规模223亿美元,不到美国总市值的0.15%。基本上,200亿~300亿美元的基金已经是非常大的基金,也就是占总市值的0.2%左右。

中小盘基金的平均规模都不到10亿美元,也就是总市值的万分之0.6。80亿美元(总市值的万分之5)的中小盘基金已经非常庞大了,很多都已经关闭,例如Vanguard Capital Opportunity(52亿美元),Vanguard Explorer(85亿美元)。

美国所有股票基金,平均规模是总市值的万分之一。对于大盘类基金,平均规模为总市值的万分之1.2,而中小盘基金是万分之0.6。大盘基金的上限(除了指数基金),约是总市值的0.2%,中小盘基金上限是0.05%左右。

拿这些比例套到中国市场。

按照当时中国总市值7万亿人民币算,平均的股票基金规模应该在7亿元左右,其中大盘基金规模约不到10亿元,中小盘基金约不到5亿元，而大盘基金的上限约 140 亿元，中小盘基金应该在 35 亿元。

从这个结论上看，现在市场上的基金基本符合这个范围，但也有超出的。对于超出这个规模的基金，我个人觉得要认真考虑一下了。400 亿元（0.57%的中国总市值）的主动型股票基金恐怕是过于庞大了。

虽然，美国市场和中国市场有很多不同，但用基金规模和总市值的比例作为评定基金规模是否合理，我想是有道理的。这也就是我做这个研究的基点。

那大规模的基金会带来什么问题呢？

首先，规模大的基金在投资上可能遇到一些问题，尤其是对小市值的公司。对于基金的投资有个硬性的规定，一个基金公司所有旗下的基金不能拥有某只股票流通股 10%以上的资产。这样，对于大规模的基金，如果投资到一个小盘股票，再怎么投，这个小盘股票在整个基金中的分量也不可能大。而大盘股票，占有的总市值大，但种类少，这样无形中，大基金就必然集中投资某些大公司股票。相对来讲，就容易产生集中持股的现象。但在另外一个方面，一只股票又不能超过基金总额的 10%。这对选股来讲就带来难度。一只 400 亿元的基金能考虑的股票也最多只有总市值的 10%，也就是 7000 亿元，也就是 17∶1 的样子，也就是要从 17 只股票里面选择一只。而对于 40 亿元的基金，就可以从 170 只里面选择一只。

对于中国市场这种急剧变化的情况，大基金操作就更为困难。这就是所谓换手率的问题，据说 2005 年的中国基金的换手率在 300%～400%，这就是说 400 亿元的基金交易的金额在 1500 亿元左右。7000 亿元里面选择 1500 亿元股票，难度可想而知。这样大基金必然降低换手率。也就是说，大基金的表现就很难“激进”，很难活跃。中国市场的特色是成长类基金占主要地位，而成长类是非常活跃的部分。但大基金一定会是相对平稳，这尤其对小盘成长类基金不利。

另外，大基金如果要活跃起来，一定会带来市场的振荡。这也是显然的事情。

对于基金公司来讲，能做的无非是两个事情。一是控制规模，例如对新投资者关闭基金申购，即上投先锋基金和上投双息基金做过的事情。要保持基金原来的特性，只能把规模降下来。二是改变基金的投资策略，将一个“激进”型的基金，转变成一个平稳型的基金。

对于我们投资者来讲，也许一个平稳型基金的膨胀倒不是特别关键的问题，但对于小盘成长型基金，这恐怕就是一个大问题了。

不过庞大的基金也许有个好处，那就是整个市场会变得平稳点，短期波动减少，还是拭目以待吧。

2007 年中国的 A 股市蓬勃发展，行情的上涨加上大量新股的发行，尤其是红筹股的回归，沪深两市总市值已经超过 30 万亿元，那几乎上述所有归算的数据都要乘以四，但考虑的思路是一样的。

“规模是业绩的敌人”，这话可不是我说的。这话是出自巴顿. 比格斯的《对冲基金风云录》一书的 74 页。其实他讲的是由于一个基金业绩的上升会带来很多新的资金的涌入，而这种规模的扩大却会导致业绩的下降。结果就形成一种怪圈，最后导致基金昙花一现。

偶尔看到鹏华价值的 2007 年三季报，其中在对过去一季的回顾中，他们说：“报告期内本基金的表现可以分为两个阶段，8 月中旬以前表现较好，8 月中旬以后进行了分拆扩募，基金规模扩张 10 倍以上，基金仓位迅速下降，考虑到大量新申购的基金投资者对基金投资的风险可能缺乏足够的认识，加之大盘处于高位，经过仔细的分析和讨论以后，本基金确立了以绝对回报为主的投资思路，尽量避免新进入的基金投资者出现亏损，因此在仓位上采取了慎重建仓的策略，控制建仓节奏，同时在选择投资品种方面，也主要以防守为主，重点投资那些前期调整较为充分、相对估值具有一定优势的个股，而在市场表现较好的有色金属、航空等行业基本没有投资，煤炭股的配置也较低，从目前看，上述投资策略完全偏离了市场方向，未能为投资者取得良好的投资回报，在此向广大基金投资者致以深深的歉意。”

鹏华价值 2007 年 8 月 15 日拆分，结果基金规模从 2 季报的 16 亿元到了三季报的 143 亿元。其实这种规模的突然扩展，必然让基金处在一个尴尬的境地。对于新来的资金，基金经理也找不到方向。业绩不理想实在是意料之内的事情。

由此我又想到了另外一只基金：嘉实策略。嘉实策略2006年12月12日首发，一天之内认购420亿元。这个首发最高纪录依然保留到现在，至今每有任何基金超过这个首发规模。而且，大家还要注意当时的上证指数只有2200点，中国A股总市值不过7万亿元。也就是当时的420亿元的基金类似于2007年一个1000亿元的基金。就因为会诞生如此的航空母舰，所以2007年才产生了基金配售的做法，因为基金公司也受不了了。另外为了运作这420亿元的资金，嘉实公司配置了4名基金经理，这也是一个记录。

嘉实策略的境地到底如何呢？2007年一季度结束时还有278亿份，净赎回约140亿份；二季度结束时160亿份，净赎回约120亿份；三季度结束时剩127亿份，净赎回33亿份。虽然2007年是一个大牛市，但净资产也从420亿元一路下降到不到230亿元。规模从建立时的遥遥领先的龙头老大，到了现在20名开外。关键业绩还成了今年的垫底，竟然只有67%的收益。面对这样的局面，不知道那四个基金经理有何感想，嘉实公司又有何感想呢？是不是命运其实早已经注定了呢？

中国基金的规模膨胀更大程度的不是取决于基金的业绩，而是取决于市场和公众的热情。无论申购还是赎回，经常都是一窝蜂的。而且拆分、分红之类的持续营销效果之显著让人瞠目结舌。

2006年的大象基金是靠认购来的。这一年中，市场有点变化，赎回也就很明显。除了冠军嘉实策略，去年的百亿基金还有广发优选（发行时184亿份，现在83亿份）、易方达价值精选（发行时118亿份，现在53亿份）、南方绩优成长（发行时125亿份，现在112亿份）、华夏优势增长（发行时141亿份，现在91亿份）、工银成长（发行时122亿份，现在67亿份），实在是来得快、去得也快。那时候还没有发行规模的限制，也没有配售一说，所以那时候的发行规模比今年的还要大。不过这里面也有业绩不错的，比如广发优选。

2007年的大象基金除了新诞生的外，更多的是“分”出来，无论是分红还是拆分。博时价值增长、嘉实稳健、诺安股票、融通新蓝筹等，数不胜数。2007 年 2 季度末 200 亿元以上的基金才 8 只，3 季度末就到了 40 多只，除了业绩的增长，更多的是持续营销的战果。

广发聚丰是我喜欢的一只基金。2007 年 2 季度末规模 50 多亿元，9 月初，一纸分红公告就吸引了新资金 60 亿元，3 季度底基金净资产就达到 150 亿元。10 月 12 日聚丰再次打开申购一天就有 600 亿元资金申购，结果不得不拿出“申购也配售”的新招。即便按照 25％的配售比例，聚丰 10 月份也是一个 300 亿的基金了。有很多人对聚丰的配售非常不满，不过试想一下，如果聚丰不配售，那就是一个 800 亿元的基金，最后的结果很可能是玉石俱焚。

我相信基金公司是非常清楚“规模是业绩的敌人”这句话的。但是在巨大利益的诱惑下，扩展规模的动力也与日俱增。它们也试图在这中间做些平衡，但有些市场规律恐怕也不能以人的意志所转移。

但愿它们能平衡得好，皆大欢喜，否则市场那只无形的手最后也会给它们一个平衡的。能像皮特·林奇那样挥舞着几百亿美元的大象基金的人到底不多。而且从另外一个方面看，这种规模快速的膨胀更多的是“吹”起来的。既然能“吹”起来，当然也会“瘪”下去。来去匆匆的过眼云烟其实对谁都不好啊。

10. 还是风险：最重要的事情

前段时间有一个朋友来玩，看见我在看关于投资的书，于是问我投资什么，我说：“买点基金啊。”结果朋友就开始教训我投资证券市场是多么的危险，目的就是告诉我不该做这样的事情。呵呵，我没有再说什么，因为我知道我显然比他理解的多一点,因为他根本就没有进入市场。而且,这也不是几句话能和他讲清楚的。

我开始在想投资对什么样的人会带来大的损失。

对我的朋友而言,他不会有损失。他根本不会进入市场,因为他知道“股市是危险”的。但他不知道股市的危险在哪里,只是知道危险、危险、危险……,所以他永远不会有损失。其实与其说是对危险的恐惧,不如说是对未知的恐惧让他远离投资。他不会有损失,但也不会有收益。在他的脑子里面,永远只有一条,投资是恐怖的。

对巴菲特而言,他也不会有损失。不是对他而言市场没有风险,而是他知道风险在哪里。他会规避风险和控制风险。当我前几次看大师们的书的时候,老看见他们说:投资最重要的是控制风险。当时很不理解,市场的风险,我们怎么能控制呢?我们怎么能控制市场的涨跌从而不亏损呢?现在我好像开始理解一些了,他们是靠对风险的认识和理解,从而在投资过程中知道什么时候该出手,什么时候不该出手。结果,他们就规避了主要的风险,也就是控制了风险。结果,他们投资,他们获利。

但对咱们来说,进入市场知道有风险,但很多的时候却不知道风险在哪里。所以,对咱们来说损失就可能很大。但这种损失的风险,随着咱们对风险理解的加深而减弱。也就是刚刚进入市场的时候,风险最大,当咱们开始好好学习、认真钻研了,风险就开始逐渐减少。

当然,咱们不会成为像大师那样的人物,会控制风险,但至少也许可以闻到一些风险的味道。不过,前提是必须努力去思考。

前段时间出差,在飞机场看到一帮机长。当时我想:他们的工作真的很危险。可转念一想,不,他们驾驶飞机其实不危险,危险的是让我现在去开飞机。他们知道什么是风险,知道怎么规避风险,但我却什么都不知道,如果让我去开飞机,结果必然是坠机。

风险是会欺负人的,这和所有的麻烦一样。不搞清它,它就一定欺负你。你知道了它,了解了它,它就会离开你。

多想,多学,多钻研,多思考。我想,这恐怕是获得收益的唯一办法。

其实投资的风险不在市场，而在我们自己。

大家都承认投资收益和风险是一个共生的关系。要获得高的收益，就不得不承担较高的风险。但并不是承担较高的风险，就一定可以获得较高的收益。

记得一个故事，但我忘记是从哪里看到的了。这个故事说：

一个消防队员，穿着防火衣、带着防火帽和防毒面具冲进一个火场，救出一个孩子。老板大大地奖励了他，因为他冒着巨大的风险完成了艰巨的任务。第二次，又是同样的情况，他什么都不穿，没有任何防护，又去救一个孩子，结果也是救到了，但老板狠狠批了他，因为他冒了不必要的风险。

其实投资何尝不是这样。有些风险是避免不了的，那就得努力去削弱这种风险，而有些风险完全是可以避免的，那一定要避免。

对于大盘，对于整个市场，咱们是控制不了的，也是预测不了的，那只能接受这种风险，这就是系统的风险。也只有接受这种风险，才能获得咱们希望得到的收益。这是不能回避的，必须承受的。

对于各股的涨跌、对于热点的轮动、对于基金公司和基金经理个性化风险，咱们可以通过长期投资和分散化投资去削弱和降低。这种风险是可以想办法规避的。

而对于预测市场、波段操作甚至盲目抢购新基金，我认为这些是额外的风险，是完全可以避免的，而且也是应该去避免的。

投资一定不是投机，不是赌博。事实上，职业的赌徒也知道哪些风险是可以规避的，也应该规避。盲目地承担额外的风险，从长期看，一定是会“失足”的啊。

所以，要好好去研究，好好去区分这些风险。

虽然说股市是不可预测的，而且过去的数据也不代表未来，但过去的数据多少还是有点参考价值，尤其是各个国家的情况，也许对中国的市场还是有点借鉴作用，至少也有点感性的认识。

首先来看中国的数据。上证指数是中国证券市场上历史最长的一个指数系列，从20世纪90年代初开始，至今已经有近20年的。

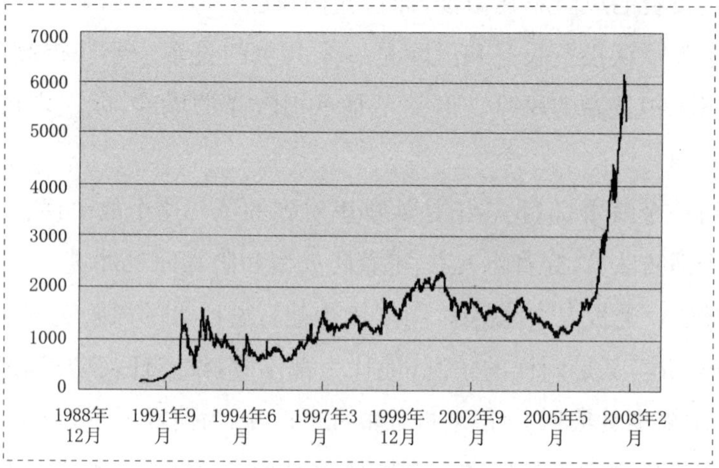

图 4－4　上证综合指数建立以来的走势图

目前我国的股票市场处在一个前所未有的牛市时期，但也可以清楚地看到，股市并不是只涨不跌的。前一个高峰是在 2001 年的 2245 点，而到了 2005 年 6 月 6 日，盘中跌到 998 点，跌掉了一半多。

美国证券市场是全球历史最为悠久的市场，我们来看看其过去 50 多年的数据。

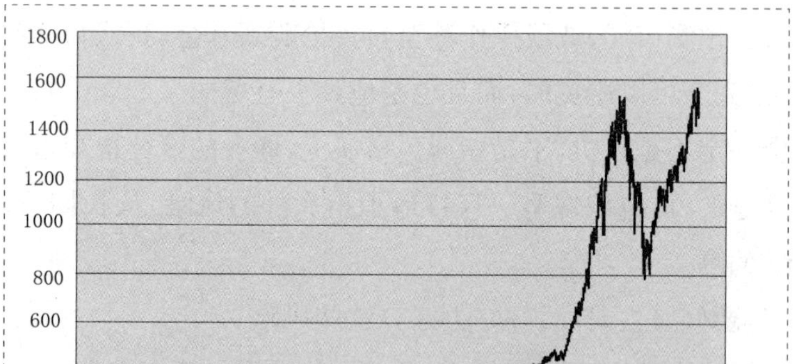

图 4－5　美国 50 年来股市的走势图

证券市场的发展的确是长期向上的，毕竟经济在不断向前发展，但问题是美国市场在2000年曾经达到一个高峰，但随之而来的是暴跌，到2003年几乎跌去涨幅的一半，然后又花了4年的时间才恢复过来。

再看看其他国家和地区的情况：

我们还可以列举很多数据，都表明了一点，长期市场是向上的，但当市场过于疯狂后，产生的股市泡沫最终是会破裂的，也就是说，一旦泡沫破灭，短期3～5年甚至更长的震荡是不可避免的。

再回到中国现在的股市，自2005年5月以来已经持续了2年多的时间，还能持续多长时间恐怕没有人看得清。但大家一定要记住，没有只涨不跌的股市。所以如果有投资者问我，现在还可不可以继续购买基金，我没有办法给出一个具体的建议，但显然短期风险已经很大。

第五章 我的投资实践

1. 美国市场的摸爬滚打

我投资基金的历史是从 2000 年在美国开始的。第一次接触个人理财其实是被朋友忽悠的。一次朋友约我去他们家玩,本以为是 PARTY,结果到他那才知道是家庭理财产品推介会,而且有点直销的味道,发展会员,一层一层等。

理财产品就是讲共同基金。我对参加他们的销售网络没有兴趣,但知识倒是长了一点,也带了点宣传品回去。后来一个是禁不住朋友的诱惑,也是自己对此还是有些兴趣,结果就踏上了"贼船"。转过头来想想,营销方式和国内也没有什么本质不同,只是当时接触到的是称之为"家庭理财顾问"的一种职业。

我的第一只基金是 PUTNAM 公司的一只免税的政府债券基金。因为当时希望是一个风险很低的基金,第一次接触投资,胆子小啊。这的确是一个很低风险的基金,好像从来没有亏过(插个趣事:你看美国的股票网站,绿色是涨,红色是跌,正好和咱们相反。看美国的基金情况,希望天天是绿色啊)。这只从来没有亏过的基金,每个月都定期分红,而且还不用上税。好像很好吧?嘿嘿,年收益4%!美国有些小银行的定期也有这个利率啊。

就这样保持了两年,突然,觉得这好像不是件事情,不对头啊。我是几乎什么风险都没有承担,但也没有得到什么好处。为什么不稍微承担点风险,去得到点利益呢?

又去PUTNAM公司的网站看。PUTNAM是美国一家有80年历史的投资公司,光各种基金就有上百种(美国好像一共有上万种共同基金)。那时候才开始认真接触基金。不瞒你说,你想第一次接触基金的时候,那些名词都够受的,那还是中文的。我得去看英文的说明啊!那可知道什么叫丈二和尚了。可是为了赚钱,就有动力啊。

第一件事情是要搞清楚有没有任何隐藏的费用,然后就是怎么买,怎么卖。因为我不想通过那些中介了(其实中介也不从我这里拿钱,我只是不想让他们干预我独立的思考),所以全部得靠自己。慢慢搞清楚了,就开始选择基金。美国好像很少有混合式基金,要么是股票,要么是债券,但分类特别细。有根据企业规模的、有根据行业的、有根据地域的。开始的时候也不知道什么资产组合,就选收益最高的基金。结果选了一只能源基金,实际上是石油类的,包括美孚、壳牌等公司的股票,两只国际投资基金(一个投资大盘股,一个投资中盘股)。其实好多东西都是我后来才搞明白的,这三只基金都是风险最大的基金品种,所谓的热门基金。的确花了很多时间,实在是知识、能力有限啊。

持有石油基金的时候特别有意思。也许石油涨价只影响到你汽车的油费,对我可是大大的不同。世界油价和我的基金净值有密切的关系。结果我得去关心中东的政治局势;关心中国的经济形势,因为中国是世界原油第二大进口国;关心美国南部的飓风,因为得克萨斯是美国的石油基地;关心美国冬季会不会是暖冬,因为如果冬天暖,取暖用的油就会少;等等。当那种世界顶级公司的股东也不好过啊!

持有国际股票就得关注从拉丁美洲到朝鲜的形势。拉美股市这两年是世界上最火爆的地区，而朝鲜的局势直接影响日本这个世界第二大股市。那时，我要看的大盘从纽约到伦敦，再到德国、日本。真正感觉到俺是世界公民。

可以想象，单买行业基金和国际基金显然是风险很大的。好在起起伏伏，最后倒是没有亏钱。但意识到这种风险，就开始更多地学习基金的东西。上得最多的就是美国的晨星网站。里面的"投资教室"(http://www.morningstar.com/Cover/Classroom.html)上面的四部教材(股票、债券、基金和投资组合)，172个独立文章，800多道习题，全部让我翻了几遍，后来还让我全部从网站上抠出来，打印装订，成了我的投资宝典。

经过学习，显然就得改变策略。首先，我和PUTNAM公司拜拜了，虽然是80年的公司，可它的基金大部分都是3星、2星。理论上，是可以哪个公司的基金都买点，但从操作方便和品牌效应考虑，最后我基本上是投向了先锋公司(VANGUARD)。先锋公司和富达公司是美国的两大基金巨头公司(林奇就是富达的一个基金经理)。

现在我的基金组合基本上是个合理的组合。核心是由三只美国市场基金组成，一个是中盘平衡型基金，一个是大盘成长基金，一个是大盘价值基金；另外拥有25%的国际基金，包括12%的新兴市场基金(如拉美、俄国、东亚等)；还有一支卫生健康业基金。

晨星网在美国也很权威，它们不但给每只基金甚至股票分等级、评论等，我还特喜欢它的X－ray(X射线)功能。你把你的基金组合输入进去，包括你投入的资金，它会根据现在的净值和每个基金的持股情况，归算出你大盘成长股、大盘平衡、大盘价值、中盘、小盘各占多少比例，也就是我的基金组合在整个晨星投资风格箱中各个位置的比例。还有美国股票占多少，国际股票占多少，甚至每只股票占的比例(因为会交叉持股)。这样你对你整个基金组合的总体情况就非常清楚了。

我现在可是美国几乎所有大公司的股东，从微软到IBM，从辉瑞药厂到通用汽车，从波音到沃尔玛，俺都有股份。当然还有世界上其他公司，什么丰田、沃尔沃啊。

今年的总体收益和我预想的差不多，也就是10%多点吧。投资组合的起伏显然比中国基金组合的起伏要小得多，偶然能到1%，一般都是0.5%的日起伏，而国内的基金1%的波动很常见，3%的也经常可以看到。但2006年从5月份开始经历了一个大的起伏，有10%吧，现在已经回升了。这次主要是由于美国连续提高利率造成的，现在利率基本稳定下来，股市也就回升。

我现在可好，白天可以看中国的大盘，晚上9点半以后就可以看纽约的大盘。早上起来再看看美国基金的涨跌，然后上班。

我现在可是真希望世界和平，世界经济持续发展啊。

2. 国内市场的苦辣酸甜

2004年我从美国回到国内，也看到很多银行面前有不少基金销售的广告。但一直没有动这个脑筋，而且偶然看看宣传广告也有很多东西看不懂，比如申购费、赎回费等。虽然在美国已经有了投资历史，但很多东西都不一样。要搞明白，几乎是从头再来。

2006年初，我开始认真考虑在国内投资的问题。其实当时似乎并没有意识到我在美国买的基金就是一种投资。起因是由于女儿又收了一些压岁钱，把压岁钱老放在抽屉里面好像是很愚蠢的事情，于是就开始动脑筋投资。我几乎花了一整天去周围的各个银行逛，中行、工行、建行、交行都逛了，不停地和银行的客户经理去谈。这样我就走上了购买基金的道路。

在这里，介绍一下我的基金买入卖出策略和实践。

首先必须明确地说：这只是我的买入卖出策略，不是你的，而且丝毫没有任何把我的策略推销的意思。你看这篇文章，就当是知道有人怎么做而已，并没有任何建议和指导的意思。

这是现在情况下的策略，是有了较多盈余的情况下的策略。自己的事情，还得自己做主啊。

先说买入策略。

我喜欢定投，现在依然在定投。定投在两个基金上，一个是易方达策略基金，一个是易方达积极基金。之所以在两个基金上，完全是为了把这两笔钱分开。一个是为了给女儿以后教育，一个是为了自己养老，都是目标15～20年。易方达基金今年的情况起起伏伏，但我倒不是很介意，一来是定投，净值涨不上去也没有什么，正好多买点份额。二来，我对半年以下的业绩，也没有太大的兴趣。对于定投，我的观点很明确：非常喜欢。净值涨了，满足了短期利益，净值跌了，满足长期利益。似乎怎么都不吃亏啊。

我是把每个月的部分结余用来定投的。偶然发点横财又决定放在基金里面时，我会进行一次性的投资，或者说在很短的时间范围内快速投资。我不会把这些钱分到每个月的定投里面。我喜欢纪律性，不喜欢做波段，也不会预测市场。我崇尚自制而不是自信，崇尚“不求有功，但求无过”。所以我的策略是“不求最低，只求平均”。如果资金量小，我会随时投入，钱到就投，不管大盘的情况，择日不如撞日。如果资金量稍微大点，我会做个一个月内的定投，每星期投二次，从而得到一个一个月的平均效应。

之所以这样做，我有几个认识：(1)股市大部分时候是上涨的(这也是看历史数据，美国股市70%的时候是上涨的)，所以越早投入越好。(2)中国的股市波动很快，一个月以上的波动，我也就认为是“长期”现象，只要能平滑掉短期的波动也就知足了。(3)给自己一个纪律，不要在贪婪和恐惧中煎熬。

核心还是一个理念：不预测市场。

如果市场风险实在很大，我会选择一个稳健的平衡型基金。如果市场下跌，就转换到激进的股票型基金。

要说明的一点是：所谓长期投资并不是指长期抱着一只基金不放。我认为长期投资是指不以做波段为目的，通过卖高买低来投机赚钱，而是通过整个市场的增长来实现一个长远的目标。也就是我认为当你发现你所持有的基金出现问题时，你转换成另外一个(货币基金除外)，这同样是长期持有策略。在长期持有的思想下，这种转换是不需要考虑大盘的涨跌的。在高点，你抛出这个基金，同样在高点进入另外一个基金，或者在低点抛，低点进。这都和大盘基本无关。这种转换，我认为不和长期持有相矛盾。

不算货币基金(把货币基金等同于储蓄)，从 2006 年春节左右进场的时候到现在一直保留的基金也就四只了，广发小盘基金，上投优势基金，易方达策略基金和富国天益基金，彻底抛弃的包括大成债券基金、银河收益基金、合丰成长(现在叫泰达成长)基金和华安宝利基金。对它们的持有都很短，基本没有超过 3 个月。

卖出这几只基金绝不是做波段或者认为它们的表现不好。

在年初的时候，开始搭建我的投资组合，债券只占了一部分。由于当时是在交通银行开户的，就选择了大成债券基金(当时的晨星 4 星)，华安宝利和银河收益两个配置型基金，都是 5 星，合丰成长基金是股票型，它是 2005 年的冠军，当然也是 5 星基金。

到 4 月份，调整了整个投资思路，开始走激进的股票基金投资路线，那首先就把大成债券基金转换成上投阿尔法基金。

其次，当时合丰成长基金变成了泰达成长基金，整个湘财荷银基金公司的股东发生了根本性的变化，公司和基金的名字都变更了。我不喜欢这种大的变化，认为这种变化给它下面的基金管理带来很大的动荡，所谓的一朝天子一朝臣啊。所以就将合丰成长转换成易方达积极基金。而实际上，泰达成长基金以后业绩下滑得很快，也从 3 月份的五星基金跌到 11 月份的一星，业绩排名也从 2005 年的冠军跌到 2006 年 12 月的 60、70 位。

银河收益基金的申购其实就是一个错误，我购买时并没有对它做太多的研究，但从他们一季报上发现了它的总资产只有6000多万元。我记得好像如果一个基金不到5000万就要关门了，所以立刻把它抛弃。它在2月份还是五星基金，到9月份也只有一星，虽然资产回到2亿多。但我想我当时抛弃它的做法非常正确。

卖掉华安宝利则完全是嫌我持有的基金太多了，想集中在广发基金公司和上投摩根基金公司上，所以就把它们转换过去了。

2006年到2007年10月，中国市场是一个罕见的大牛市，但即便牛市中也有很多次调整震荡，10%左右的跌幅调整在这不到两年的时间其实已经有过很多次了。

2006年6月5日到6月14日，7个交易日，沪深300从1403跌到1284，跌幅8.5%。

2006年7月3日到8月7日，25个交易日，沪深300从1420跌到1224，跌幅13.8%。

2007年1月29日到2月5日，5个交易日，沪深300从2577跌到2272，跌幅11.8%。

2007年2月26日到2月27日，1个交易日，沪深300从2707跌到2457，跌幅9.2%。

2007年5月29日到6月4日，3个交易日，沪深300从4168跌到3511，跌幅15.8%。

2007年6月19日到7月5日，12个交易日，沪深300从4253跌到3537，跌幅16.8%。

在这些震荡中，我没有抛出任何一只基金，就看着潮起潮落，自己的资产像坐电梯一样上上下下。

这两年中，我是有些调仓，尤其是在有新资金进入的时候。但一直采用投资组合和再平衡理论来控制我的投资风险。短期市场会向哪里发展没有人知道，但长期持有的策略是不会改变的。

卖出策略的总结：

(1)如果我的投资目标变了,我肯定要改变投资组合。比如当我越接近退休,我的投资组合就会越稳健。

(2)如果基金公司发生变化,例如合丰成长基金那样,会考虑卖出基金。如果单是基金经理发生变化,会抱着静观的态度。中国的基金大多数是采用集体作战的形式,经理是很重要的一环,但不是唯一的一环。

(3)如果发现犯了错误,会立刻改正错误。银河收益基金的购买就是一个错误,我应该先去看它的季报再买。其实 2005 年底,它已经只有不到 1 亿资产了。我被那个五星给哄了。如果错了,即便是亏了,也不会等它赚回来再卖掉。一定会立刻卖掉,转换到另外一个基金,无论是亏还是赚,越快越好。

(4)在购买的时候,我选择的基金都是四到五星的。但如果一个基金跌到三星连续三个月以上,我会给它非常多的关注;如果持续 6 个月,我也许就要给它黄牌或者红牌了。晨星评级是一个相对评级,它不是由大盘决定的,而是在同类中相互比较的结果,这非常有意义。

(5)我不会因为基金的绝对涨跌来决定买卖,也不设置一个止损线。因为涨跌很多是由大盘决定的,我更看重相对评价,而不是绝对的收益。

(6)如果一个基金出现问题,我会去选择一个替代品,把它转换过去。这种转换不会受大盘的影响,因为不是追逐波段。

核心还是一个理念:不预测市场,主要看基金公司的基本面。

现在我的投资组合的核心包括广发小盘基金、上投阿尔法基金和上投中国优势基金。广发策略优选基金和富国天益基金组成我的非核心部分。另外还通过网上直销定投易方达策略和广发策略优选。

我信奉长期投资理念,而且也要长期投资。无论是在美国的投资还是在中国国内的投资,我都计划至少 15 年以上,这是我整个基金投资的基础。

第六章 博客日志节选

1. 从对上投先锋的质疑想到的

背景：本文写于 2006 年 11 月 11 日。上投先锋基金还没有开放申购，但很多人对它的表现不满。

上投先锋虽然还没有打开，但从一周一报的净值上显示出情况好像不是如大家希望的那样好。似乎别的同期发行的基金都长了很多，唯独它慢慢腾腾。再联想到广发的不景气，看样子上投和广发已经没落了。

我一直不主张买新基金，当然也就不关心上投先锋。但老有人在谈论这个话题，不关心恐怕也不行了。

我觉得买新基金很大程度上是在赌博，所以不建议买新基金。但我更要说，如果已经买了，就不要匆匆忙忙卖掉，否则就是“错上加错”。新基金最困难的时候是那三个月的封闭期：经理开始熟悉情况、基金开始建仓。新基金过了三个月，过了痛苦的滞涨期，一切准备就绪的时候，你却抛弃它，是不是最亏的是你？

别慌慌张张地做结论，做行动。一定要记住，市场是轮动的。你不能指望一个基金能赶上每一个波浪，而且很多浪头是连在一起的，你赶上了这个，就一定会错过下一个，这不奇怪啊。所以要分散投资，我不希望我的基金一起涨。我希望我的组合里面有的基金在追逐这个浪头，有的基金在追逐下一个浪头。

给大家一个典型的例子：易方达 50，半年前它可是臭不可闻的基金啊。可现在赶上蓝筹股的浪头，一下变成香饽饽。还有，我曾经在文章中举过的 2006 年收益最差的万家事业公用，你能想到它却是 10 月份的收益增长冠军吗？

另外，对于新基金建仓期，遇到熊市倒是好，反正仓位低，也不会跌多少。但熊市真的很麻烦，尤其现在，如果上投现在认为市场在一个高位，它应该选择减仓，但新基金的招募书规定它反而得建仓，也许先锋真有些生不逢时了。

我对市场不预测，基金公司恐怕会去预测市场，否则要他们干什么？也许先锋的不景气，反而说明了上投对市场的一个评估吧。

2.

给别人点时间吧

背景：本文写于 2006 年 11 月 18 日。

出差回来，打开计算机。哈哈，乐了。

到处都红彤彤的，当然乐。可更乐的是天益、易策和易积极。这三个家伙，就这三天，都涨了 6%。

哈哈，其实乐的也不是这 6%，而是出差之前，“陈戈请出来讲句话”还在搜狐论坛置顶，而且是精华和版主推荐。而不久前易方达简直就是垃圾的代称了，我都不好意思说我持有易家兄弟。

风水轮流转。这回大家可体会到了吧。

很多人在等大盘调整，然后加仓。这肯定是好想法(能不能跌就不知道了)，追涨杀跌肯定不如高抛低吸。可好多人在一个基金表现不好的时候，毅然弃它而去，另谋高就；而等一个基金开始疯涨的时候，就来套近乎。这岂不是和追涨杀跌一个道理啊?

投资可是考验耐心啊。见异思迁，嘿嘿，在哪都不灵啊。

还是那个比喻，说买基金有点像在火车站排队买票，哪个窗口都可以，但都有人排队，有快有慢。不过如果你在不同的队伍之间跳来跳去，最后肯定没有好结果啊。在一个队中至少得排一段时间吧。

3.

如果气球爆了，你受得了吗

背景：本文写于2006年12月26日，从2006年8月以来，整个股市已经上涨了很多。

气球越来越大，谁都不知道是不是马上就要过了极限，就要嘣的一声灰飞烟灭。不知道，恐怕也没有人能知道。不过，我想现在恐怕是得好好考虑一下万一气球明天真的爆了，咱们受得了吗?

这有两个方面的含义。

一是在经济上你受得了不?

我知道有些朋友的投资期其实很短，甚至下了很大的赌注想去捞一把。比如明年要结婚，或者要买房子等等。那我建议这种投机性投资到此为止吧，你实际上是承受不了亏损的。基金可不是只赚不赔的东西啊，既然已经赚了，见好就收吧。

还有一些朋友，他们几乎把家里所有的存款都拿来买了基金，建议现在赶快去转换你的思路，把该存起来的钱还是送回银行去。投资的部分一定是你的闲钱，别把身家性命都垫上。

二是心理上你承受得了吗？

你是一个长期投资者，你也只是拿出一部分来投资。OK，也就是短时的涨跌对你的生活不会有根本性的打击。那你主要面临的问题将是心理上的。我一直推荐大家做“投资风险承受能力测试”（中国基金网上就有一个，http://www.cnfund.cn/tz/risk.asp），现在更推荐大家再去做一遍。一定要记住的是：千万别和自己过不去！你能承受的和你觉得应该承受的是两回事。希望自己能符合长期投资的理念，但千万别有意按照你觉得“标准答案”去做这个测试啊。好好搞清楚你的风险承受能力，并按照这个能力去组合现在的资产。稳健并不丢人！如果现在的组合超过了心理能承受的风险，恐怕也是修正的时候了。

最后还是一个问题：如果气球爆了，你将面临什么样的灾难呢？这就是底线。如果考虑清楚了这个底线，晚上也自然能睡着觉了。

现在是跑也好，转换也好，甚至加仓也好，终归有一点：要清楚咱们在干什么，风险在哪里，可能的收益在哪里。只要权衡了，就是正确地选择事情，就是做有道理的事情。也就不会遗憾，不会后悔。

相信自己的判断吧。

4. 减仓？ 加仓？ 还是观望

背景：本文写于 2007 年 2 月 2 日，市场连续快速下跌，太多基民恐慌。

星期五又是大跌的一天，虽然没有 31 号那么凶险，但依然也是触目惊心了。对于经历过 2006 年 7～8 月震荡的朋友恐怕还不是很恐怖，但对于那以后入市的新基民就真是天在塌的感觉啊。

我非常能理解这种不知所措的心情，因为我也曾经有过这样的经历。我第一次在美国市场上遭遇大跌就是一个连续一个半月的熊市，连续的下跌将我前面两年在债券市场上赚的钱全部赔进去还不止。那时候不知道是否真的大熊市正在开始。

现在的状况，大约去年年底以前入市的朋友都还不会亏本，最多是少赚了点；而上个星期入市的朋友可能就有点被动。所以有朋友就觉得让胜利果实白白流走实在不对，还是应该做波段，有的朋友也准备割肉，当然还有朋友觉得还是应该长期投资。

先把所谓的各种理念放到一边。没有必要墨守成规，也没有必要为理念而投资。理念是为实际服务的，理念不是信仰。

所以今天不谈理念，来谈操作。咱们该怎么办呢？是割肉出局，减仓止损？还是逢低吸纳，趁机加仓？还是继续观望，岿然不动？

这真是困难的问题！最困难的在于不知道下个星期情况会怎么样，而这一点是没有办法知道的。

最容易想到的是赎回，然后等跌够了，再买回来。你说这是做波段也好，是止损也好，其实是想战胜大盘，躲过这次灾难。这种操作成立的条件是什么？第一，大盘必须是继续下跌的，至少要比你卖出再跌1%才有意义。如果你准备星期一卖出，那最好的结果是星期一涨，然后星期二开始继续下跌，跌得越大越好。第二，你得估计出大约什么时候是跌够了。当跌够的时候，你要准备买入。也就是要抓住从熊到牛的变化。这事情其实更难。就看2006年这个大牛市，有几个人"抄了底"？这两个条件都做到我反正是没有把握。

有些事情，恐怕非要自己实践一下才知道。

老实说，我也曾经在美国市场去做过一些事情，比如自己觉得风险高，就赎回一部分，或者转换到债券基金去。但最后的结果居然是没有一次做对过，没有一次占到了便宜。也许我太笨了。所以，从那以后我就决定什么都不做。坚决不做波段，坚决不预测市场。理念不是空穴来风，经验是由教训叠加起来的啊。从新手变成老手只有靠血泪培育。

再举个眼前的例子，我在 12 月 26 日写过一篇“如果气球爆了，你受得了吗?”当然那只是一篇文章，提醒大家注意风险。老实说，我当时就觉得有风险，而且风险越来越大。但是如果我在那个时候就赎回，而且坚定地持币观望，情况会是什么样呢？显然我会踏空 1 月份 15%～20%的收益，即便是这两天的大跌也不足以弥补踏空的损失。好在我没有当时就赎回，依然保持我继续持有的策略。

所以，我自己现在还是不会做什么操作，甚至准备开始逐步加仓了。当然我的操作是和我具体的情况密切联系到一起的。

不过，有个问题大家一定要注意：风险的心理承受能力。如果你的心脏已经承受不了这种巨大的波动，那还是退出吧。至少这说明一件事情，股市的波动不适合你。这不是可耻，每个人的情况不一样，为了赚点钱，把身体搭上是最不值得的啊。

从大的方面看，这种下跌对未来市场的发展是有好处的。我依然相信未来的光明。

条条大路通罗马，怎么操作都有道理。我相信你现在做的选择对你最合适。没有什么普适性的真理可以指导具体的操作，你的基金还是你作主。但是通过这次震荡，大家一定会有新的体会。新基民也就变成了老基民。

大家都知道下面的对联吧。

海水朝朝朝朝朝朝朝落；
浮云长长长长长长长消。

5. 明年准备买只“瘟鸡”

本文写于 2006 年 12 月 29 日。

2006年,想必大家都很高兴。我当然也很高兴,收益远远超过年初的预期。同时2006也给了我很多心得,尤其是对中国股市。一句话,什么事情都是有可能的。

2007,我还会坚持长期投资的想法,不离开市场,无论是涨还是跌。但我还会做另外一件事情,一个新的投资方法:买只"瘟鸡"。

其实这个想法也不是我发明的,在我的投资宝典——美国晨星的投资教室里面有一节叫投资"Unloved"基金。也就是说拿出点钱来购买点冷门的、不被看好的基金。其思路在于市场是轮动的,今年的冷门也许就是明年的热门。在冷门的时候,净值一般都相对低,那是一个买入的好机会,实现低吸高抛。

我的策略大概会是这样,因为还没有开始,所以只是讲一个思路。

我会投入很小的一部分资金,大约在总投资的5%以下,是我组合的非核心部分。用可以"娱乐"的部分来做这件事情。当然这种策略的危险性也是很大的,所以不能作为核心策略。

"瘟鸡"当然不能是"病鸡",真正要寻找的是那种"冬眠"的鸡,那种正在养精蓄锐的鸡。

选择一个以前业绩很好、但近期情况不妙的基金来投。当然,这个基金背后的公司也是我所喜爱的。首先去参考晨星每个星期发布的业绩排名,寻找哪些近三个月排名明显低于一年排名的基金,而且差距越大越好。但当然不是我正在持有的基金,我持有的基金一般是不会动的。然后购买并持有,等待它排名的上升……

这似乎有点像价值投资,寻找那些被低估的股票。而我是希望寻找那些被"低估"的基金,或者说那些基金经理能力被"低估"的基金。

其实今年的两个例子给我很大的启示。一个是易方达策略,几个月前它曾经被骂得狗血淋头,短期排位60名以后。可现在呢,3个月的排名在头几名啊。另一个是富国天益,在搜狐基金天下的人还记不记得那个"请陈戈站出来说句话"的置顶帖?那现在呢?

这两个例子给我的启示是:金子终归是要闪光的!呵呵。当然,一定要是一个好基金公司下面的好基金。曾经看到过一句话:好基金公司为了它们的声誉,也不能容忍坏基金的。

最近我就在寻找这样的基金,在看哪些基金被骂得最多。呵呵,这可是高风险啊,而且得有耐心。

6. 咱们该喜欢牛市还是熊市

有一个话题,我一直不敢说,因为我也不敢说我是否想清楚了:到底咱们指望股市跌还是股市涨?到底喜欢牛市还是熊市?

写过一篇"希望你组合里面的基金一起涨吗?"其基本观点是说:组合里面的基金如果同涨,就很可能同跌,因为这说明是集中持股,这种组合就分散不了风险。我在搜狐论坛上也发了这个帖子,得到的最后一个回帖是:"胡说八道,哪个人不希望自己的组合都涨?标新立异也要有个度!"哈哈。

如果说:喜欢熊市,股市涨对我们未必有好处!那岂不是要被吃了?

我承认,我也喜欢股市涨,可看了好多书后,发现大师们却告诉我"你应该喜欢股市跌"。

《投资艺术》中是这样说的:

"问题:如果你可以选择,你喜欢哪种情形?

选择一:股价大涨,而且保持高档多年。

选择二:股价大跌,而且保持低档多年。

不看未来,你会选择哪一个?如果你选择第一个答案,你和接受这个小测验的90%专业投资人相同,大多数专家和你一样,会让你欣慰吗?你不应该欣慰,以下说明原因,除非你长期站在股票的卖方,如果你选择第一个答案,就是违背自己的利益。”

其实不止这本书这样说,在巴菲特、林奇的书里面都有这种说法,他们都说他们喜欢熊市。他们都举了一个类似的例子:你是卖牛奶的,那你买母牛的时候,是希望价格高还是价格低?或者你要买大衣,你喜欢它的价格高还是低?换句话说,你现在买股票是为了以后卖出,那你买的时候是希望股票价格低还是高呢?

是啊,这么一说,当然希望买的时候价格低啊,也就是我们希望是一个熊市,一个下跌的股市。

可这也太夸张了吧?万一跌下去起不来了怎么办?万一永远都是熊市怎么办?只有上涨的股市才让我们踏实。我们希望在牛市里面买股票,而且股票越来越牛,永远都不跌回来。

可股票会永远上涨吗?永远都是牛市而没有熊市吗?这种希望和担心与永远都是熊市一样都是不现实的。

那也许你会说:我都把钱投进去了,现在如果跌了,我不就是亏了?是的,这肯定。但你相信你现在的投资是你这辈子的最后一笔投资吗?不,我相信咱们走上这条路,就一定会走下去,或者说越陷越深,越投越多。因为我相信我们的日子会越来越好,钱会越来越多。

好了,既然我们还要投资,你是希望在牛市里面投资还是熊市里面投资?你是希望买打折的股票还是希望买加价的股票?

定下心去想,好像上面说得很有道理。可是我要让你喜欢熊市,这简直是岂有此理!

老实说,我也喜欢牛市,我也还没有完全接受这个观点去喜欢熊市。但我恐怕接受了一点:也许熊市对咱们来说并不一定是坏事情。或者说,我喜欢牛市,但也不讨厌熊市了。

我曾经对一个朋友说过:对于定投来讲,股市现在上涨,是满足你的当前利益;股市下跌,是满足你的长远利益。你永远都不亏!

7. 在美投资对我投资观的影响

有朋友问我:“你买国内的基金也不到一年,为什么会有这么多的想法?”

自己想想,除了喜欢多看点书,多想想,另外一个关键问题是我在美国的投资经历帮了我很大忙。

从技术层面上看,首先没有什么恐高症一说。老实说,我买美国基金的时候,就没有关心过当时的净值。因为它们的净值差别太大,从不到10美元到100多美元。市场是这个样子,当然也就不会盯着低净值的。而且,我到现在都没有搞清楚它们是不是有统一的基金发行价格。其次,我很早就知道晨星网,当时对晨星的排名就很感兴趣。而美国晨星要三年以上的基金才会参加排名,而且还有5年、10年的排名。这样对新发行的基金自然就没有兴趣。再则,按照林奇的说法人们“宁愿承认是一个瘾君子,也不愿承认是一个短期投资者”。长期投资是一个深入人心的概念。

从市场的角度看,我们说美国市场是一个比较成熟的市场,1999年刚刚到美国的时候,几乎所有的人都在谈论股票,那是一个热火朝天的时期,每个投资人似乎都在赚钱,只要是股票就涨。但大家要知道美国市场的恐怖也是大家难以想象的。不说20世纪30年代的股灾,1987年的崩盘,两天之内,大盘就跌了35%,就连林奇控制的基金,一天的损失就是18%。2000—2003年,NASDQ指数从5000点跌到1000点。而且咱们中国人,恐怕都不知道什么叫经济衰退。不停地听说有朋友失业,因为有大量的公司倒闭;不停地看见到处有大房子在出售,因为房主没有钱支付按揭;关门的商店随处可见,就连大商店前面的停车场里的车也稀稀拉拉;再加上“9·11”。这就是经济衰退。美国的股票市场和经济情况结合得很紧密,我想这也是一种有效市场的表现。

但美国市场的成熟更表现在经济衰退时候人的心态，似乎更多的人已经习惯了这种周期性的衰退，大家似乎也知道情况会好起来的，应该说并不是那么恐慌。我想这也是长期投资理念的一个表现吧。

经过了这些，我不成熟也得成熟。所以我会反复强调风险和长期投资。风险是必然的，也只有长期投资才能降低这些风险。预测市场绝对不是好主意。

哥们，别贪心啊。不要认为你现在账上的钱，就是到你口袋里面的钱。这在英语里面叫“Paper Money”，纸面上的钱啊。我们要关心的是20年后到底有多少钱，而不是现在。

8. 别难为“专家”了

本文写于2006年12月15日，市场节节高涨。

市场蒸蒸日上，至少过去这段时间是这样。

持仓的朋友先是喜笑颜开，晚上不停地看哪个网站的净值先出来，就想知道自己赚了多少钱。但转过头去，却又不知道明天是进还是退。空仓的就比较郁闷，看着别人回家数钱，心里肯定不爽；但你让他加仓，他也不敢，怕今天加了，明天股市就跌。所以大家做得最多的事情是到处打听小道消息，或者咨询、倾听“专家”对大盘的预测。

我要说的是“专家”的预测能听吗？我的意见是别听吧！

股市或者基市里面有“预测专家”吗？显然没有！大盘一直在涨，现在无论在哪个论坛，前段看空的“专家”几乎成了过街老鼠。其实这也不必，股市的风险是存在的，时刻存在的，只是没有任何人知道“灾难”到底什么时候降临。其实在熊市的时候，看多的“专家”命运也比这好不了多少。核心的一点还是市场是不可预测的。

昨天看林奇的书，他说在任何时候都有很多人看空，而且可以找到各种各样的理由，包括南极的臭氧，北极的冰山……可见这是一个全世界市场的共性东西。看空的人至少可以解释成为大家考虑风险，但看多的人则会有把大家往赔钱的路上引的嫌疑。所以更多的“专家”愿意看空，至少是对大家负责。

其实，预测市场的专家都不会得到什么好的评价。因为，预测市场其实比抛银币好不了多少。一半的人预测涨，一半的人预测跌，总有人预测对的啊。有一个经典故事：

可以让全美国人来一个猜硬币正反大赛。第一次，会淘汰一半的人；第二次，又会淘汰另外一半，如此下去许多次，最后只剩下 10 来个人。这 10 来个人居然许多次都猜对了。哈哈，这 10 来个人就成为“专家”，他们开始写书说“我怎么猜对硬币的”，然后在全国巡回讲演。

可是大家都知道，下一次，他们能猜对吗？

其实大家知道，“专家”的话也不可信。但因自己心里没有底，只好去询问“专家”，好像找到了一个“靠山”。可问“专家”真的也不比问你自己好多少。“专家”可能有些经验，但要去预测市场，也是没有谱的。

别难为“专家”了吧，更别难为你自己。明天的涨跌只有上帝知道！

9. 理财不是发财

写于 2007 年 1 月 26 日。

前两天看 CCTV2，采访一个国家级理财师，很有意思，但不幸的是我忘记了他的名字。其中他说到一句话，让我很有共鸣。

“理财不是发财！”

一般说基金是一个理财产品，恐怕没有人说基金是一个发财产品。但实际上却有太多的人把基金当成了发财产品。

有多少人带着一夜暴富的思想在买基金？今天买了基金，明天就开始想赚钱，而且指望净值天天向上，有一天回调不是骂经理就是骂市场，似乎别人挡了他发财的道。

有多少人是因为看着别人赚钱而眼热去买基金？别人买基金能赚钱，我为什么不能？他能发财，我也能。其实天天比较业绩，天天“数米”就是在比谁发财的速度快。而且如果发财的速度比别人慢，就要大骂经理在吃干饭。

有多少人根本不知道什么是基金，而只是听说这东西可以赚钱就来买的？2006 年的大好形势让很多基友赚了钱，结果就变成了买基金就可以赚钱的谎言。管他基金是干什么的，只要能赚钱发财就行！

上帝是公平的，它不会给咱们免费的午餐。如果我们想投机取巧，上帝一定会用某种方式来惩罚我们的。

基金是用来理财的，是打理你的钱财，让它使用得更合理。基金绝对不是用来发财的，不会让你一夜暴富。这是很简单的道理。但很多人却是抱着侥幸心理，或者抱着赌博心理去买基金，而这种侥幸和赌博就是“基金能发财”。

华尔街有句话：牛也赚钱，熊也赚钱，只有没脑子的猪会被屠宰！

这话有点难听，可咱们是得想想，咱们会被屠宰吗？咱们是那个没脑子的家伙吗？如果指望基金是发财工具，恐怕也就和那东西差不了多少了。

10. 我的基金投资心得

本文发表在《证券市场周刊》2007 年 1 期。

2006年轰轰烈烈的基金狂潮在上证指数历史新高2675点时落下帷幕。开放式股票型基金最高的年收益率达到160%，最低的也超过50%，平均增长100%以上。疯狂的一年！

回眸2006，我想无论是最后加入的新人，还是年初投资的老手，都会感慨万千。沾沾自喜的有，捶胸顿足的有，但唯有荣辱不惊者恐怕才是真正的“笑到最后的人”。

开放式基金投资其实是很简单的事情，无须任何高深的理论和雄厚的数理基础，因为它本来就是给普普通通的老百姓设计的投资渠道。

那么，基金投资的成功之道在哪里呢？我想答案永远只有一个：态度！

基金投资是涉及成千上万资金的事情，而这些钱恐怕都是咱们一点一滴、省吃俭用的积蓄。如果在这上面都不愿意端正态度，那能指望什么样的回报呢？

无论2006年如何，2007年又会怎样，我的经验和观念告诉我的还是：努力学习知识、充分了解自己、仔细选择产品、稳健实施投资、平和看待涨跌。

知识就是力量，这是颠扑不破的真理。基金投资，尤其是开放式基金投资的知识实在不是难以掌握的事情。我想咱们在初中学过的知识就足够覆盖它的全部内容。只要咱们花一点点时间去了解基金公司是如何操作的，什么是净值和分红，什么是投资组合和分散投资，怎么规避风险，那咱们就不会陷入“净值恐高症”，也不会去抢购新基金，更不会被收益的起伏吓破了胆。这些知识在任何一本有关基金的书上或者网站上都可以找到，咱们唯一要做的就是学习。

投资是自己的事情，也只有自己才知道自己的投资目标和风险承受能力。赚了、亏了只有自己承受。任何投资都是有风险的，没有那种包赚不赔的事情（除了货币基金和保本基金）。想要获得理想的收益，就得承受相应的风险。而什么样的风险咱们自己能扛得住，只有自己知道。基金投资，投资期越长，风险越小，这是被历史事实证明了的。所以每个投资人都必须清楚自己的情况。找个“专家”问上一句:给我推荐一只基金吧,或者说:我该买哪只基金?希望“专家”能给你答案显然是很幼稚的想法啊。了解了自己的需求,才能明确咱们该往哪里走。咱们的基金只能咱们自己作主。

随着基金业的发展,咱们国家的基金品种也已经让人眼花缭乱。它们不但风格迥异,业绩也是大相径庭。从网上看到一条消息,从银行拿到一个宣传单,或者听听“好心”的“推销员”的讲解,甚至某个“专家”的预测,就去购买一只基金,一定是很轻率的举动。好在有那些著名的第三方公司对基金的评价,例如晨星。多去研究这些统计资料对咱们会有非常大的帮助。不要去追赶“时髦”,不要去随“大流”,认认真真地研究基金和基金公司,按照自己的投资策略对比它们,选择它们。即便是错了,也知道错在哪里啊。

市场是不可预测的,这是一个真理。想去和市场博弈,恐怕输的大半是自己。一定要记住波段操作是非常愚蠢的办法,基金不是用来“炒”的,也是不能“玩”的。中国人说“小不忍则乱大谋”,而投资大师巴菲特则说,投资“主要是在于避免做出愚蠢的决策,而不是在于做出几个非凡的英明决策”。我喜爱定投方式,定投的妙处就是有效克服了咱们的贪婪和恐惧。千万不要去预测市场啊,千万千万啊。抱紧你的投资组合,无论是牛还是熊,都不为所动。看看基金论坛上那些2006年投资失误的朋友,一大半都是试图去做一个“英明的决策”。

市场是很欺负人的,它不停地用涨跌来诱惑咱们,考验咱们,让咱们心慌意乱、心猿意马。真心地劝所有的基友一句:别去盯着那个红红绿绿的大盘走势,别去看那个高高低低的净值。投资不是生活的目的,更不是生活的全部。当每天都在计算机前面坐立不安等待当日净值显示的时候,咱们恐怕已经离投资本来的意义越来越远了。记住一点,基金投资从长期来讲只是10%~15%的平均年回报,年年都翻倍那只是幻想。如果咱们能做到一个月,甚至一个季度,才来关心一下自己的投资,那咱们的心态会平和很多很多。

2007年会是什么样？谁都不会知道。记得去年年初基金经理们和经济学家们还搞不清2006年会是熊市还是只是牛市的开始，基民股民在讨论什么时候上1300点；年中的时候，好多人在预测下半年将没有“行情”，2000点是不可能的事情；年末的时候，则更多的人去预测什么时候会是3000点。

这些预测都没有意义，一点意义都没有。3000点也好，5000点也罢，权当是新年的祝福吧。咱们要做的是把自己的投资组合做好，然后坦坦荡荡地享受咱们该享受的生活。涨是必然，跌亦是必然。在咱们的投资中会经历牛市，也会经历熊市。但我相信中国的经济会持续发展，咱们的投资终究会有回报。

11. 投资心态的基础

写于2007年02月04日，市场几乎下降了10%。

市场上升的时候，大家都非常乐观，好像股市会这样一直涨上去；而市场下跌的时候，大家又很容易恐慌起来，好像市场就会这样一直跌下去。上涨的时候是贪婪，下跌的时候是恐惧。中国的市场是这样，美国的市场其实也是这样。这也许就是人类的共性。

市场上扬的时候，好像没有人去问为什么，似乎市场本来就该这样，人民币升值、GDP增长、奥运会，等等，到处都是利好消息，市场没有道理不上涨；而市场下跌的时候，好像就是有阶级敌人破坏。我更多是把这种责骂看作是有火没有地方发。

为什么到市场震荡起来的时候，咱们的心态也会起起伏伏？其实大家都知道，上涨是必然，下跌也是必然，否则就不叫股市。我想其中有个原因恐怕还是贪婪，或者说由贪婪引起的赌博心理。

经济基础决定上层建筑，物质决定意识。其实咱们的投资方式已经决定了咱们的心态。《我的投资观和实践》的第一篇讲的是“1. 该把多少存款用来投资？”，第二篇讲的是“2. 基金投资的风险”。其实这两篇的核心是必须用闲钱来投资，而且投资期应该足够长。这两点，我认为是投资基金必须遵守的基本准则，是绝对不能违背的。很遗憾，在市场狂热的时候，很多人却忘记了这两点。当你把你所有的钱都投进市场，甚至借钱买基的时候，当你春节以后就要用这笔钱去买房子、结婚的时候，面对市场的下跌，不惊恐也不可能啊。

朋友说我的心态平和，我想这和我的投资方式非常有关系。我始终认为我是很稳健的投资者，我有足够的备用资产是远离股票市场的，而且无论市场多么火爆，也不会把这些资产投入市场的；我也有足够长的投资期，投资目标是养老金和孩子的教育基金。即便选择的是非常激进的股票型基金，我依然认为我是一个稳健的投资者。在这种情况下，我可以努力坚定我的投资理念，虽然也常常受到贪婪和恐惧的煎熬。但从本质上讲，我知道这种股市的震荡不会从根子上伤害我。

昨天发了个帖子“减仓？加仓？还是观望？”，现在我要补充的是：如果你恪守了上面的两个投资的基本点，你根本不用恐惧和担忧。但如果不是这样，要么赶快逃跑，要么靠上帝来保佑您了。这两个基本准则是咱们永远不能违背的。没有这两个条件，咱们就不该投资基金。

12. 一个笑话

巴菲特的老师格雷厄姆给他讲过一个笑话，巴菲特把这个笑话放到

1985年他给股东的信中。可见他对这个笑话的喜爱。内容大致是这样的：

一个石油勘探商死后上了天堂，结果被看门的圣彼得拦住，说："实在抱歉，我知道您在世时行为正派，做了很多善事，但是天堂里面石油勘探商的位置已经满了，实在住不下人了，你去地狱吧。"

这个石油商说："不要紧，我有办法。"他对天堂的大门大喊一声："地狱里发现石油啦！"

马上从大门里跑出一大堆人，都赶到地狱去。

圣彼得吃惊地看着这一切，说："OK，你牛，现在你可以进天堂了。"不料石油商犹豫了会说："不，我还是去地狱吧，说不定那里真有石油呢。"

下面是这个笑话的 LAOK 版：

50年后，LAOK 去天堂报到，看门的圣彼得拦住 LAOK，说："实在抱歉，我知道您在世时行为正派，做了很多善事，但是天堂里面买基金的人的位置已经满了，实在住不下人了，你去地狱吧。"

LAOK 说："不要紧，我有办法。"他对天堂的大门大喊一声："地狱里发新基金了！"

马上从大门里跑出一大堆人，都赶到地狱去。

圣彼得吃惊地看着这一切，说："OK，你牛，现在你可以进天堂了。"不料 LAOK 犹豫了一会说："不，我还是去地狱吧，说不定那里真有新基金呢。"

13.

2006 晨星开放式基金五星俱乐部

本文发表在《证券市场周刊》2007年1期。

说明：

统计了晨星2006年所有的评级，组建了一个晨星五星俱乐部，只要过去的十二个月中有一次被晨星评价为五星，就可以是这个俱乐部的成员。

晨星评级是一个相对评级，只有一年以上历史的基金才能参与这个评级。晨星考虑了收益和风险，并将两者结合起来以后打分，最前的10%的基金被评价为五星。也就是说晨星是一个相对评级。

股票基金类

晨星定义的股票型基金为：在投资总额中股票占70%以上的基金称为股票基金。

2006年晨星五星俱乐部——开放式基金股票类成员如下表，表中显示了总回报、1～12月该基金的评级结果、12个月的评级平均结果、评级的标准差（表现了评级变化的起伏情况）和获得五星的次数/参与的评级次数。

成员一共14名。2006年12月参与评级的股票型开放式基金为79只。

银华核心价值和上投阿尔法只参加了3次评级，都是五星；兴业趋势和招商优质成长仅参加一次评级，也是五星。

最惹人注目的是上投的中国优势，12次评级全部五星。最惨的是泰达成长，从1月的五星一路下滑到12月的一星。

2005年12月的五星基金分别为富国天益、易方达策略、广发聚富和泰达荷银成长（原和丰成长）。

配置基金类

晨星在年初的时候只有一个分类：配置类基金，后来区分为积极配置类和保守配置类。积极配置类基金是指在投资总额中股票占50%以上、70%以下的基金称为股票基金；保守配置类是在投资总额中股票占30%以上、50%以下的基金称为股票基金。由于积极配置和保守配置是后来才区分的，在本表中将他们合二为一。

2006年晨星五星俱乐部——开放式基金配置类成员见表6-2。

也是 14 名成员。2006 年 12 月参与积极配置型基金和保守配置型基金评级的开放式基金为 34 只和 6 只,合计 40 只。

其中,国投瑞银融华债券和银河银联收益在 12 月份都归类为保守配置型,而鹏华行业成长 12 月则归类为股票基金。

最稳定的是广发稳健基金,12 次评级,10 次五星,2 个四星。最惨的是银河银联收益和兴业可转债,基本上一路下滑。广发稳健、宝康灵活配置和银河银联稳健五星的次数超过 50%。

2005 年 12 月的五星基金为广发稳健、华安宝利和银河收益。

普通债券基金类

晨星定义的普通债券类基金为:总资产中 70%以上投资债券市场。

2006 年晨星五星俱乐部——开放式基金债券类成员见表 6—3。

共 3 名成员。2006 年 12 月参与普通债券类基金评级的一共 10 只。

这三只基金的情况都比较好,差别不大,长盛中信全债可以说后来居上。但是年末领先的长盛中信全债含有 15%的股票,富国天利和嘉实债券各有 10%左右的股票。这可是本质的区别啊。

2005 年 12 月的五星债券基金为富国天利。

评论

马拉松才刚刚开始,晨星五星大概可以表述为目前第一集团。有人一直在领先集团中,有人赶上来,也有人掉下去,但最终的目标还远得很,甚至这本身就是一个没有终点的长跑。

晨星对开放式基金的类型是以股票和债券占总投资的比例来区分的,而大多数基金这个比例却是动态的。所以有些基金有时会在股票类,有时则会在配置类。而去年的形势显然股票的比重越大,最后的收益越好。虽然晨星评级兼顾了收益和风险,但严格精确地互相比较还是非常困难的。

晨星评级是对过去 12 个月的总体情况的比较,所以 2006 年 12 个月的评级实际上是反映了从 2005 年 1 月到 2006 年 12 月两年中的情况。

表 6－1　2006 年晨星五星股票类基金对比

基金名称	2006 年总回报	1 月	2 月	3 月	4 月	5 月	6 月	7 月	8 月	9 月	10 月	11 月	12 月	平均	标准差	5 星比例
上投摩根中国优势	169.99%	5	5	5	5	5	5	5	5	5	5	5	5	5.00	0.0	12/12
银华核心价值	164.08%	–	–	–	–	–	–	–	–	–	5	5	5	5.00	0.0	3/3
上投摩根阿尔法	172.67%	–	–	–	–	–	–	–	–	–	5	5	5	5.00	0.0	3/3
兴业趋势	160.21%	–	–	–	–	–	–	–	–	–	–	–	5	5.00	0.0	1/1
招商优质成长	161.61%	–	–	–	–	–	–	–	–	–	–	–	5	5.00	0.0	1/1
广发小盘成长	132.24%	–	–	5	5	5	5	5	5	5	5	4	3	4.70	0.7	8/10
富国天益价值	167.43%	5	5	5	5	4	4	5	4	5	4	5	5	4.67	0.5	8/12
广发聚富	129.74%	5	5	5	4	5	5	5	5	5	4	4	3	4.58	0.7	8/12
景顺长城内需增长	182.20%	3	4	4	5	5	5	4	5	5	5	5	5	4.58	0.7	8/12
银华道琼斯 88	141.59%	4	5	5	5	5	5	5	4	4	4	4	4	4.50	0.5	6/12
鹏华中国 50	157.98%	4	3	4	4	4	4	4	5	5	5	5	5	4.33	0.7	5/12
易方达策略成长	151.28%	5	5	4	4	5	4	4	4	3	3	4	4	4.08	0.7	3/12
华夏大盘精选	153.96%	3	2	3	3	4	5	5	5	5	5	5	4	4.08	1.1	6/12
泰达荷银成长	81.83%	5	4	4	4	3	3	3	3	3	2	1	1	3.00	1.2	1/12

表 6－2　2006 年晨星五星配置类基金对比

基金名称	2006 年总回报	1 月	2 月	3 月	4 月	5 月	6 月	7 月	8 月	9 月	10 月	11 月	12 月	平均	标准差	5 星比例
广发稳健增长	121.76%	5	5	5	5	5	5	5	5	5	4	5	4	4.83	0.4	10/12
宝康灵活配置	116.73%	4	4	5	5	4	4	4	5	5	5	5	5	4.58	0.5	7/12
银河银联稳健	134.30%	–	2	4	5	5	5	5	4	4	4	5	5	4.36	0.7	6/11
华安宝利配置	116.04%	5	5	4	4	5	4	4	4	4	4	4	4	4.25	0.5	3/12
融通新蓝筹	114.36%	4	3	5	5	5	5	4	4	4	4	4	4	4.25	0.6	4/12
华夏红利	116.43%	–	–	–	–	–	–	4	4	4	5	4	4	4.17	0.4	1/6
鹏华行业成长	126.42%	4	4	4	4	4	4	4	4	5	4	4	3	4.00	0.4	1/12
融通蓝筹成长	83.26%	5	4	5	4	4	4	4	4	3	3	3	3	3.83	0.7	2/12
诺安平衡	123.60%	4	4	3	4	3	3	4	4	4	4	4	5	3.83	0.6	1/12
华富竞争力优选	95.27%	–	–	–	2	3	4	5	5	4	4	2	3	3.56	1.1	2/9
金鹰中小盘	85.40%	2	1	2	3	4	5	5	5	5	5	3	2	3.50	1.5	5/12
国投瑞银融华债券	62.18%	3	4	3	3	2	2	2	2	2	5	5	5	3.17	1.3	3/12
兴业可转债	71.73%	4	5	4	3	2	2	3	2	3	2	2	2	2.83	1.0	1/12
银河银联收益	33.03%	5	5	4	2	1	2	2	1	1	2	2	2	2.42	1.4	2/12

表 6－3　2006 年晨星五星债券类基金对比

基金名称	2006 年总回报	1 月	2 月	3 月	4 月	5 月	6 月	7 月	8 月	9 月	10 月	11 月	12 月	平均	标准差	5 星比例
富国天利增长债券	27.54%	4	4	5	5	4	5	5	5	4	4	4	4	4.4	0.51	5/12
嘉实债券	27.13%	5	5	4	4	5	4	4	4	4	4	4	4	4.3	0.45	3/12
长盛中信全债	32.67%	4	4	4	4	4	4	4	4	5	5	5	5	4.3	0.49	4/12

先看股票型基金

参评的股票型基金从年初的50只左右发展到年末的80只，五星基金也就从5只发展到8只。在曾经进入第一集团的14只基金中，中国优势一支保持在内，从来没有掉队。虽然从来没有领跑过，但稳稳当当地跟着领先者；泰达成长越来越落慢，已经掉到最后面去了；四支新军（银华核心、上投阿尔法、兴业趋势和招商优质）先后加入第一集团，现在依然保持在里面；广发小盘3月份冲了进来，一度领先，但最后两个月却落了下去；类似的还有广发聚富和银华88也开始掉队，好在掉的还不是很远；富国天益和易方达策略前几个月基本在第一集团，年中表现不好，但年末又在奋力追赶。天益已经回到第一集团；华夏大盘则是年中跑得好，年头和年尾都掉在后面；景顺内需和鹏华50则是越跑越快，目前景顺内需率先冲入2007。

80只基金中只有14位进入过第一集团，比例还是比较小的，不到18%。当然在第一集团后面还有一堆虎视眈眈的第二集团，其中有不少是从来没有掉到三集团的选手，另外还有一大批未满周岁的新生力量，他们的逐渐加入会让竞争更为激烈，第一集团一共只有那么几个名额。目前的8只五星基金居然有一半是新秀。不过相对来讲还是比较稳定。老牌的劲旅实力还是不俗，完全和新军有一拼，估计2007年还是这种局面。

14个成员中，上投、广发、银华各占两席。另外要注意的是在这14个成员中，广发聚富的股票上限是75%，而其他的则是95%。也就是说聚富的发动机是不一样的。

配置型基金

配置型基金可以说是诸侯并举的局面。有35%的基金进入过第一集团。没有一只基金一直保持在领先集团中，相对而言广发稳健和宝康配置情况好些；银河稳健、华安宝利和也实力不俗，前者领先进入2007；鹏华行业已经进入股票类基金，但它唯一一个五星是在配置类中得到的，要想在2007年中冲入股票类的第一集团可不是容易的事情；国投瑞银融华债券和银河银联收益现在是在保守配置类，前者的五星也是在新的类别中获得的，而且在新的类别中有较大优势；金鹰中小盘年中不错，这和当时小盘类股票大涨有很大关系，其实这点也反映在股票类基金上面，华夏大盘和广发小盘也基本是这个走势；剩下的几只基金有点偶尔露峥嵘的架势。

配置类基金是一个比较杂的品种，他们股票占有率相差很大，也就是发动机型号很不一致。在今年这种股票牛市里面，跑得快的当然是股票多的基金。虽然晨星评价考虑到风险的因素，但还是不能弥补发动机的差异。2006年的新基金中依然有不少新品种，大概这种"混乱"的局面还会持续。

现在这个俱乐部中融通公司和银河公司各有两个席位。

普通债券型基金

普通债券型基金一共有10只，上榜的三支从速度上可以说是彼此交替领先。但核心的问题是虽然这些都是债券基金，但它们的发动机大大的不同。年末领先的长盛中信全债含有15%的股票，富国天利和嘉实债券各有10%左右的股票。而其他的宝康债券、融通债券、华夏债券、大成债券等则是纯债券基金，不含一点股票，当然跑不过有股票的基金。如果2007年是牛市，那这种格局还是不会改变；但如果是熊市，那债券的稳定就会表现出来。

要再次强调的是，这些五星基金的发动机是不一样的。当咱们选择基金组合的时候，必须充分意识到这一点。拿配置型基金和股票型基金去比收益是没有意义的，拿股票多的债券基金和纯债券基金相比也是没有太大意思的。根据咱们自己的投资期和风险承受能力将这些基金组合到一起有效地化解风险才是最重要的事情。

马拉松才开始不久，从第一个选手跑出来也只有三四年的时间，道路还长，最后谁是咱们要支持的选手只能拭目以待。

14.

部分基金公司 2006 年 4 季报综合

随着 4 季报的出现，我准备把一些我关注的基金的季报综合一下。季报是长篇大论的，其实有些东西完全可以省略。首先把一个基金公司里面我关注的数据归纳到一起，并做些简单分析。然后再比较不同基金公司的产品。

广发基金 4 季报综合

对广发公司的兴趣在两点上：(1)它 4 季度有多糟糕。(2)广小和广稳大比例分红带来了什么。

表 6－4　广发基金 2006 年 4 季报数据

基金名	净值增长率	业绩比较基准收益率	两者差	股票仓位	债券仓位	货币仓位	总资产(亿元)	上季度总资产(亿元)	资产增长率
广发稳健	26.56%	28.38%	－1.82%	56.75%	24.20%	13.58%	68	25	172.00%
广发聚富	25.77%	34.85%	－9.08%	67.71%	19.95%	6.17%	31	28	10.71%
广发小盘	16.54%	12.95%	3.59%	81.57%	0	15.06%	23	17	35.29%
广发聚丰	28.59%	31.35%	－2.76%	89.29%	0	6.16%	32	28	14.29%
广发优选	36.79%	29.42%	7.37%	91.96%	1.06%	5.46%	197	190	3.68%

在上表中前三项反映了收益的情况。虽然五只基金都是两位数的收益，但和业绩基准一比较，就发现只有广发小盘和广发优选跑赢了业绩基准。而最悲惨的是广发聚富，居然比业绩标准低了 9 个点。要记住，业绩标准可是基金根据自己的情况定义的，也就是他们的目标。

中间三项是仓位的情况。可以发现所有的基金都不是满仓。这和三季度末完全不一样。当然这里有广发小盘和广发稳健是大分红以后，当然仓位低点。广发聚富的股票仓位已经到70%以下，也许下个月在晨星上他就要归到积极配置中了。

后面三项是资产变化情况。增加最大的是广发稳健，增加172%，我相信这完全是由于大比例分红带来的。其次是广发小盘。看到现在23亿的规模，我是又高兴、又悲哀。高兴的是，广小依然是一个这种规模的基金，没有膨胀起来，这是我喜欢的小盘基金规模。悲哀的是广小的大分红显然没有获得他们希望的效果。虽然基金规模从三季度的17亿到了23亿，但其中净值的增加就是16%，也就是说广小折腾这一下也就是引进了4亿左右的新资产，这恐怕是让广发大大失望吧，而且大分红带来的负面效应却是难以抹去的。聚丰、聚富、优选看到的都是正的资产增加，可增加量却少于净值增长量，也就是说实际上是净赎回。

下表是除广发小盘外其他四只基金10大重仓股的交叉持股情况，有9只基金是独立持股的，占22.5%。广发小盘是小盘基金，和其他的基金基本上是独立的。

表6－5 持股情况表

股票	基金数
贵州茅台	4
浦发银行	4
保利地产	3
苏宁电器	3
盐湖钾肥	3
大商股份	2
海油工程	2
宝钛股份	2
招商银行	2
中国石化	2
宝钢股份	2
金融街	2

四季度，广发实在是不美好啊，这个他们自己也承认。

对比广发的四季报，他们对未来的展望我归纳两点，一个是继续看好蓝筹股，一个是对市场的谨慎态度。

上投摩根公司4季报综合

上投公司当然是我关注的公司之一了。总结情况如下：

表6－6　上投摩根基金2006年4季报数据

基金名	净值增长率	业绩比较基准收益率	两者差	股票仓位	债券仓位	货币仓位	总资产（亿元）	上季度总资产（亿元）	资产增长率
上投先锋	27.66%	34.92%	－7.26%	83.07%	12.43%	3.61%	107.5	54.8	96.17%
上投阿尔法	39.66%	27.72%	11.94%	80.75%	4.61%	9.54%	47.7	22.1	115.84%
中国优势	39.65%	27.45%	12.20%	85.83%	4.67%	3.89%	49.2	28.3	73.85%
双息平衡	30.20%	13.29%	16.91%	68.19%	22.83%	5.54%	75.3	76	－1%

从前三项看到，除了上投先锋外，其他三个基金都跑赢了业绩比较基准，而且比例非常大。上投先锋是9月底才建立的新基金，要有建仓期，收益低于业绩比较基准也是可以理解的。阿尔法和中国优势几乎是并驾齐驱。

从仓位情况看，上投还是有所保留，并不是满仓股票。这和他们三季度末的情况类似。双息的股票份额增加10%，接近70%，所以随着股市的波动起伏也大了起来。

资产的变化是让我非常吃惊的。上投公司没有做归一的分红，阿尔法依然是高净值的代表，但资产翻倍。优势和先锋也几乎翻倍。这里面有净值增加的部分，但更多的是份额的增加。糟糕点的是双息，净值增加了30%，但总资产却跌了1%，显然是净赎回。

下表是10大重仓股的交叉持股情况，有8只基金是独立持股的，占20%。

表 6－7　持股情况表

股票名称	基金数
招商银行	4
武钢股份	4
万科 A	4
宝钢股份	4
星新材料	3
工商银行	3
五粮液	2
三一重工	2
南山铝业	2
泸州老窖	2
宝钛股份	2

易方达 4 季报综合

我持有易策和易积极，当然对他们的季报也感兴趣。另外还对两件事情有兴趣，一个是易平稳的归一，一个是易策 2 号。

表 6－8　易方达基金 2006 年 4 季报数据

基金名	净值增长率	业绩比较基准收益率	两者差	股票仓位	债券仓位	货币仓位	总资产（亿元）	上季度总资产（亿元）	资产增长率
易策略	45.58%	39.81%	5.77%	89.60%	0.34%	6.26%	39	32	21.88%
易策 2	42.78%	39.81%	2.97%	92.63%	0.00%	5.99%	75	41	82.93%
易积极	40.54%	52.97%	－12.43%	92.28%	0.37%	6.01%	24	21	14.29%
易价值	39.53%	36.43%	3.10%	91.46%	0.02%	6.80%	135	120	12.50%
易平稳	21.32%	52.97%	－31.65%	45.94%	39.64%	12.56%	153	21	628.57%
易 50	56.95%	61.81%	－4.86%	91.34%	0.04%	5.46%	21	14.4	45.83%

应该说，这个季度易方达公司的情况还是不错的，除了易平稳各个都

在 40%以上。要知道上投阿尔法也就是 39.66%。易平稳不到 50%的股票仓位，也就是 20%的收益，这很合理。有趣的事情是我居然发现易积极和易平稳的业绩比较基准居然是一样的，都是上证 A 股指数。老天爷啊，一个叫积极，一个叫平稳，他们居然是一个比较基准。这种基准有什么意思？易策和易策 2 号比较基准一致，这很好理解。从结果上看易策 2 还是落后。

从仓位上看，易方达的几个股票基金仓位都比较高，几乎都是 90%以上。三季度则几乎是满仓 95%。

易平稳可是净值归一的大大“获益”者，资产增加了 6 倍。易策 2 也增加不少，这恐怕还是归功于“低净值”吧。其他几个基金资产增加了，但赶不上净值增长率，都是净赎回。不过 120 亿的易价值和 24 亿的易积极居然在收益上旗鼓相当，好像也无法得出基金规模不利于增长率的结论。

刨除易 50 指数基金，余下的 5 只主动型基金重仓股的交叉持股情况如下，有 14 只独立持股，占 28%。

表 6-9　持股情况表

股票	基金数
招商银行	5
武钢股份	4
贵州茅台	4
华侨城 A	3
中信国安	3
苏宁电器	3
中国石化	3
歌华有线	3
大族激光	2
民生银行	2
宝钢股份	2
中信证券	2

景顺4季报综合。

虽然我暂时不持有景顺系的基金，但不关注它显然是不对的。

表6－10　景顺长城基金2006年4季报数据

基金名	净值增长率	业绩比较基准收益率	两者差	股票仓位	债券仓位	货币仓位	总资产（亿元）	上季度总资产（亿元）	资产增长率
景顺内需	46.11%	36.40%	9.71%	85.85%		12.93%	40	24	66.67%
景顺内需2	41.20%	34.32%	6.88%	81.71%		18.28%	100	55	81.82%
景顺鼎益	45.27%	39.47%	5.80%	83.93%		14.44%	21	5.2	303.85%
长城优选	40.35%	36.40%	3.95%	78.05%	20.31%	1.14%	13.6	11	23.64%
动力平衡	34.29%	1.13%	33.16%	77.53%	20.11%	0.65%	19	2.9	555.17%
景顺资源	44.65%	39.60%	5.05%	86.59%		9.38%	30	7.5	300.00%
景顺成长	52.58%	33.79%	18.79%	91.71%		6.83%	74	62	19.35%

显然4季度，景顺大获全胜，无论是净值的增加还是资产的增加。

我认为，4季度景顺的明星是景顺鼎益和景顺资源，他们不但净值增加非常好，同时在“归一”的过程中，资产总量增加了三倍，要知道“归一”是会影响收益率的。景顺成长是他们4季度业绩最好的，动力平衡我猜测是受资产扩大的拖累，相比之下内需反而不是很起眼了。

一个让我难以理解的事情是动力平衡的业绩比较基准，他的定义是“一年期银行定期存款年利率的2倍”，也就是说预计目标在5%左右，一个季度当然只有1%，而且是一个常量。这似乎类似于一个债券基金的基准。不知道在建立这个基金的时候他们是怎么考虑的。反正现在出现超过基准33%的滑稽情况。从这点可以看到咱们的业绩比较基准似乎没有什么意义。

再看十大重仓股交叉持股情况。7只基金一共有70只重仓股，但其中63只是有交叉的。也就是说单一持股只有7只，只占10%。而且头六只股票持有的基金是 6～7 只。

表 6－11　持股情况表

招商银行	7
万科 A	7
民生银行	7
中信证券	6
太钢不锈	6
浦发银行	6
武钢股份	5
贵州茅台	5
海油工程	4
工商银行	4
大商股份	4
S 深发展 A	2

嘉实公司 4 季报综合

嘉实公司也是 4 季度明星之一，尤其是嘉实服务和嘉实主题。

表 6－12　嘉实基金 2006 年 4 季报数据

基金名	净值增长率	业绩比较基准收益率	两者差	股票仓位	债券仓位	货币仓位	总资产（亿元）	上季度总资产（亿元）	资产增长率
嘉实服务	49.87%	24.25%	25.62%	91.46%	2.05%	3.70%	41	30	36.67%
嘉实主题	44.47%	42.82%	1.65%	83.20%	2.51%	13.62%	88	61	44.26%
嘉实增长	26.81%	8.39%	18.42%	58.99%	21.75%	11.57%	27	21	28.57%
嘉实稳健	32.79%	48.05%	－15.26%	68.08%	21.39%	7.79%	61	6.5	838.46%
嘉实成长	35.44%	52.97%	－17.53%	59.46%	22.65%	8.08%	14.6	13.6	7.35%

嘉实服务的增长率接近50%，嘉实主题接近45%，都是4季度的佼佼者。

嘉实主题的仓位已经到了83%，晨星自然就会把它分类到股票基金了。嘉实增长和嘉实成长都会从股票基金降格到积极成长类。嘉实成长三季度末的股票比例是75%，嘉实增长是70%。现在是不知道什么时候嘉实这两个基金把股票降到这么低，因为咱们只看到的是12月末的情况。

从资产上来讲，当然是嘉实稳健的分红创举使其资产增加了8倍多，从6.5亿元一下到了61亿元。但也可以看到股票仓位68%的稳健净值增长率却低于59%股票仓位的嘉实成长。嘉实服务、主题和增长基本上应该是申购和赎回持平，只有嘉实成长是净赎回。

上述5只基金十大重仓股的交叉持股情况如下，独立持股的有20只股票，占40%。

表6－13　持股情况表

股票名称	基金数
宝钢股份	5
招商银行	5
中国石化	3
王府井	3
万科A	2
中兴通讯	2
华侨城A	2
鞍钢股份	2
上海机场	2
民生银行	2
青岛海尔	2

富国基金4季报综合

富国天益也是我持有的基金之一。

表 6－14　富国基金 2006 年 4 季报数据

基金名	净值增长率	业绩比较基准收益率	两者差	股票仓位	债券仓位	货币仓位	总资产（亿元）	上季度总资产（亿元）	资产增长率
动态平衡	21.79%	26.79%	－5.00%	65.78%	30.37%	3.23%	4.9	4.86	0.82%
富国天惠	36.93%	29.06%	7.87%	82.76%	3.04	9.21%	5	4.4	13.64%
富国天瑞	36.91%	34.98%	1.93%	64.05%		33.87%	16	8.6	86.05%
富国天益	45.23%	40.99%	4.24%	89.97%	2.27%	4.80%	62	41	51.22%

明星当然还是富国天益，而且是净申购。富国天瑞持有的大量现金完全是为了一月初的持续分红。其实 4 季度天瑞的净申购还是不少。动力平衡和天惠是净赎回。

富国的交叉持股率很低。40 只十大重仓股中间，有 28 只是单一持股的，占到 70%。是我分析的这几家公司中最高的。

表 6－15　持股情况表

安琪酵母	2
航天信息	2
深圳机场	2
招商银行	2

看 4 季报的心得

花了点时间，做了 6 个基金公司的季报综合，包括广发、上投、易方达、景顺、嘉实和富国。当然还有其他公司可以做，但实在是有点花费时间。其实我统计的方法已经很清楚了，大家如果还对什么公司感兴趣，也可以参考着做。

从这六个公司的 4 季度数据对比中，得到一些心得：

(1)我要说的第一个是我事先根本没有预料到的事情：那就是“业绩比较基准”不少情况下是一个离谱的东西。曾经我也看到过一个基友说用“业绩比较基准”来选基金。因为不同的业绩比较标准可以看出它们的不同风格和资产大约配置。我当时也表示赞同。可现在看看季报，发现这个"基准"需要大大的怀疑，或者说没有什么用途。

(2)关于交叉持股，景顺系还是最厉害的交叉持股公司，上投、易方达也比较厉害，而富国持股情况最分散。对于风格类似、业绩相近、交叉持股严重的基金，我一般认为他们是"类似"基金，比如景顺系的很多基金，比如易方达两"兄弟"，再比如现在的上投"双雄"。在做组合的时候，我会把他们作为一个基金来配置。比如我希望成长型基金占总投资的30%，我可能会配置30%的易策，也可能会配置15%的易策和15%的易积。另外从这次分析也看出来，在不同的公司之间分散投资是必须的。

(3)4季度的股市是大幅度的上涨，抓住了蓝筹股行情的几个基金公司都有巨额的回报。景顺和嘉实当然是最耀眼的明星。同时这两个基金公司通过所谓的"大比例分红，净值归一，持续营销"的方式吸引了大量新资金的进入，资产翻几倍的基金比比皆是。广发4季度比较惨，不但业绩上被拉下了，在持续营销上也没有惊人表现。其实几个名牌基金4季度依然是净申购，比如上投阿尔法、中国优势、景顺内需、富国天益。这也可以看出，只要业绩好，不用"分红"还是可以增长的。

(4)4季度末，大家都察觉到些风险的存在，所以几乎所有的基金都比三季度末降低了股票仓位。股市的泡沫恐怕不只是罗杰斯看到了啊。

15. 我如何评价投资组合

承蒙大家厚爱，经常有朋友邀请我评价他们的投资组合。说老实话，这并不容易，因为每个人的情况相差太多。非要我来评价组合的话，我采用的方式基本是这样的：

首先，我一定要问两个问题：(1)你的投资期是多长？(2)你的投资风险承受能力得分是多少？

投资期决定了你的投资组合应该是激进的，还是平稳的。我认为如果20年以上的投资计划，比如为养老做准备，那可以是很激进的组合；如果是为孩子的教育，也许10～15年，那我觉得债券投资就要有一部分，比如20%左右；如果5年以下，那债券的部分就应该在50%左右，而3年以下，那债券就是更大的比重；1年以下就只建议投资货币基金。

心理承受能力决定了你对短期波动的看法。在我的测试题目里面，根据得分，已经有了评价。如果你的心理承受能力和投资期匹配，那最好。如果心理承受能力低于投资期的结果，那我建议还是先按照你的心理能力去配置你的组合，当你感受了整个市场，再提高你组合的激进程度，这样你就可以得到你最好的收益。

上面是第一步要定的，这非常关键。第二步就容易了。

然后才考虑选什么样的基金。我推荐的是晨星5星基金，这是专业评估过的，还有什么不推荐的理由？对新基金，我的态度很明朗的：看不清！这样，你就容易去定你的组合了。当然，也就不用来问我啦。呵呵。

最后才是考虑是一次性投资还是定投。这样三步就是我一直提倡的买基三步曲。

单单说我是长期投资，风险能力中等。这话就比较空洞。每个人对长期的理解是不一样的，对风险的判断也是不一样的。

16.

复利和分红

写于2007年02月15日。

最近看到论坛上有讨论复利和分红的问题，我也说说我的看法吧。

要我说，复利只是一种计算方法，是数学上的东西，不是经济学上的东西。复利和分红没有关系，不存在什么分红产生复利的事情。

什么叫复利？复利就是利滚利。就是只要有利息产生，就把利息计入本金。下次再计利息的时候，就按照新的本金来计算。

比如咱们算净值的增长率，开始投入 10000 元，第一天如果涨 1%，就收入 100 元，随后计入本金，本金就变成 10100 元。第二天再涨 1%，收入就变成 101 元了。这就是复利计算。其实咱们每天看大盘增长，计算自己的收益，都是利用到了复利计算的。从数学上看就是 $(1+x\%\times n)$ 和 $(1+x\%)^n$ 的区别。

复利是做投资一个非常好的计算和对投资情况描述的一个工具。不过，也可以用单利来描述咱们的收益，只是比较麻烦。

举一个实际的例子吧。来看易方达策略本月的情况。

表 6－16　易方达策略基金净值数据

截止日期	单位净值(元)	每日增长率	市值(元)
2007－2－14	3.013	1.82%	10,364.64
2007－2－13	2.959	1.06%	10,178.88
2007－2－12	2.928	3.54%	10,072.24
2007－2－9	2.828	－0.39%	9,728.24
2007－2－8	2.839	1.28%	9,766.08
2007－2－7	2.803	1.78%	9,642.24
2007－2－6	2.754	0.07%	9,473.68
2007－2－5	2.752	－1.40%	9,466.80
2007－2－2	2.791	－3.99%	9,600.96
2007－2－1	2.907		10,000.00

如果在 2 月 1 日投入 10000 元，不算申购费，到 14 日，盈利为 364.64 元。

对于这个区间，我们可以用三种方式来描述：(1)10 天的总收益为 3.6464%(单利描述)；(2)10 天中的平均日收益 0.3987%，按照复利计算方式，最后也是 10364.64 元(平均复利描述)；(3)还有一种办法，就是告诉每天的实际收益，也就是上表中的第三列。这样也同样算出来是 10364.64 元(逐日复利描述)。事实上基金是不知道咱们用复利还是用单利计算的。咱们最终的收益是 364 元，这才是最根本的。

那为什么通常要用复利来描述投资收益？这还是因为方便啊。咱们可能在不同的日期进入证券市场。你可能在 2 月 1 日开始买基金，也可能是 2 月 5 日。用逐日的增长率加上复利计算方式就非常简单。无论你是什么时候进入市场，今天大家都涨相同的比例，比如 2%，本金都是按照昨天的情况来计算的。但如果用单利计算，这事情就很麻烦了，因为和进入市场的时间有关系。

所以，我认为复利是一种描述方式。咱们净值的增长是每天计息的，这样用复利就非常容易表述，大家也习惯用复利表述。

显然复利和分红没有关系。复利也不要求利息是正还是负。唯一的核心是把利息计入本金再计算，也就是利滚利，这是我们每天都做的事情。不是说什么红利再投资才有复利，更不是分红是让大家享受复利、没有分红就没有复利。

黄世仁找杨白劳讨债的时候，没有说什么分红的事情啊，还不是利滚利。

17.

推荐中证指数系列

写于 2007 年 02 月 23 日。

搞股票都要看大盘指数，搞基金的现在也看大盘指数。可通常大家都关心的是上证综合指数(上证指数),偶然也有关心深圳成分指数(深圳成指)。什么要到3000点了,都是指上证指数。可基金和个股有很大的区别:个股是在哪个证券交易所上市,而基金可是常常覆盖了上证和深圳的各种股票。显然单单看上证指数或者深圳成指都是不合适的,或者说都不能反映咱们想要知道的情况。咱们需要知道的是一个能反映沪深两市综合情况的综合指数。

非常幸运,现在开始有了中证指数系列。

中证指数系列中现在最著名的是沪深300指数。它基本上是由沪市和深市中市值最大的300只A股组成。按照我的统计,虽然中国有1400只股票,但这最大的300只股票已经占据了整个沪深两市总流通市值的70%。而且,现在也有几只指数基金跟踪这一指数。我个人认为,用沪深300指数来代替上证指数作为基金净值波动的参考应该是更合理,因为基金有沪市的,也有深市的。

其实发布沪深300的中证指数公司(http://www.csindex.com.cn/)最近开始发布系列"规模"指数,我认为这个指数系列对咱们基民会有非常大的帮助。两个原因:(1)这些指数包括沪深两市;(2)非常清晰地区分了什么是大盘股、中盘股和小盘股。

1. 中证100指数:这是在沪深300指数的成分股中选择市值最大的100只股票组成的指数。这也是沪深两市A股市场市值最大的100只股票。这100只股票大概覆盖了A股流动市值的一半,也就是头50%部分。这个指数实际上就是A股市场的大盘股票指数。

2. 中证200指数:在沪深300中扣除中证100剩下的200只股票组成的指数。这200只股票大概占据了中国A股市值从50%到70%中间的20%部分。中证200指数被认为是中盘股指数。

3. 中证500指数:这是A股中排在沪深300以后的500只股票组成的指数。这500只股票大约构成了A股市值从70%到90%中间的20%部分。认为是小盘股指数。

4. 中证700指数:由中证200和中证500的成分股共700只组成的

指数。占据A股市值的50%～90%部分。认为是中小盘股指数。

5. 中证800指数：由中证100、中证200、中证500共同组成的指数，覆盖A股市场的90%部分，认为是大中小盘综合指数。

显然这5个指数，再加上沪深300指数（大中盘股指数），覆盖了中国A股市场的90%，而且清楚地对大中小盘股进行了分类。

这对咱们投资基金的人就非常方便了。对于大盘基金，那就应该用中证100或者沪深300来衡量；对于中小盘基金，就是用中证200、中证500或者中证700来衡量。这样就再不用上证指数来衡量中小盘基金了。

另外，哪些基金归类为大盘，哪些归类为中小盘也无须各执一词了。

比如广发小盘，它定义占累计市值50%以下的股票是小盘股，那在中证分类中，广发小盘就是在中小盘投资。

按照晨星分类，0%～70%累计市值的是大盘，70%～90%是中盘，而对应中证分类，晨星的大盘包括了中证的大中盘，晨星的中盘则是中证的小盘。

中证指数，第一给出了分类，第二给出了各个分类的指数。这非常类似于美国的标准普尔指数系列。沪深300也许就是中国的标普500指数。另外中证还给出了所有这些指数的“全收益”版。一般的指数是不考虑股利的再投资的，而全收益版则是包括了股利再分红，所以我觉得全收益版可能对咱们更有意义。

对于喜欢投资组合的基民，这种分类指数就给出了组合的标准和评价组合中基金表现的基准。我想，我以后不再用上证指数来评价我的组合了。

希望有一天，咱们有分别跟踪这些指数的基金，也就是有大盘指数基金、中盘和小盘指数基金。这样，咱们用指数基金也就可以搭建一个覆盖大、中、小盘的组合。如果中国市场更为有效，那这不是非常美妙的事情吗？

虽然中证指数系列2007年1月15日才刚刚开始发布，但我觉得这真是一件激动人心的事情，我们终于有了一整套系列指数。

18. 用中证指数给基金分类

写于2007年02月26日。

以前区分基金是大盘还是中小盘的办法就是通过重仓股来分析，但这个方法有个缺陷，因为咱们的基金中一般都是混合型的，大盘基金中都含有一部分小盘股票，小盘基金中含有一些大盘股，所以区分起来就会有些争议。拿到中证指数后，我就想出另外一个办法来分析基金：相关分析。

办法很简单，用这些基金和中证100、200和500对比，计算统计上的相关系数。看看这个基金和谁靠得最近，也就是相关系数最大。如果和100的相关系数最大，那就是一个靠大盘的基金；如果是和200最靠近，当然就是中盘基金。

这事情说起来容易，但做起来很烦，尤其是初始数据的整理很麻烦。中证数据是从中证网站上获得的，基金数据是从中国基金网（http://www.cnfund.cn）上得到的。净值数据要转换成日增长率数据，要强调的是要单独处理分红日的数据。所有的处理必须在增长率的曲线上进行，单纯的净值或者累计净值数据是没有意义的。也就是用指数的日增长率和基金的日增长率之间做相关分析。这个分析在EXCEL里面有现成的函数Correl。如果两条曲线完全正相关，那得到的相关系数是1，如果完全不相关，系数是0。

首先要注意的是，无论是大盘股还是中小盘股，都是在中国证券市场的大环境下面的。也就是说，大、中、小盘指数本身就有很大的相关性的。

这就是系统的波动，这是咱们无论怎么在大、中、小盘基金中组合都削弱不了的波动。

中证100和中证200的相关系数是0.87，中证100和中证500的相关系数是0.81，而中证200和500之间的系数高达0.97。可见，即便是大盘和小盘之间也有80%以上的波动是一致的。那咱们要关心的就是在这80%以外的情况了。

真的花了很长时间才算出几组数据显示给大家。

表6-17 7只基金和中证指数的相关系数

中证指数	广发小盘	华夏大盘	华安宏利	上投阿尔法	易方达策略	景顺内需
100	0.81	0.79	0.87	0.93	0.88	0.93
200	0.95	0.96	0.94	0.90	0.87	0.82
500	0.93	0.94	0.88	0.81	0.80	0.73

上表给出的是中证指数和基金的相关系数，例如广发小盘和中证100的相关系数是0.81。

从上表中可以看到：广发小盘基金和200的相关性最好，然后是500，最后是100。广发小盘首先偏中盘，然后是小盘，离大盘较远，是一个中小盘基金。

华夏大盘基金和广发小盘类似，首先偏中盘，然后是小盘，但比广发小盘离大盘更远，或者说是比广发小盘更偏小的基金。

华安宏利首先是偏中盘，然后是小盘，最后才是大盘。但和小盘、大盘的相关系数比较接近，也就是说它基本上是一个在大盘和小盘之间平衡的中盘基金。

上投阿尔法、易方达策略和景顺内需都是首先偏大盘，然后是中盘，最后才是小盘。但是从比例上也可以看出，内需是最靠大盘的；易策是大中小相对平衡的，也就是略靠大盘；而阿尔法在两者之间。这和以前我们的结论：内需是靠蓝筹的，阿尔法是平衡的，易策是远蓝筹的也是一致的。

看样子，中证指数是可以做很多分析的，而且相关分析也是有用处的。

19. 分红和收益

写于 2007 年 02 月 28 日。

关于分红的事情讨论的其实很多了。我的观点也很清楚：正常的分红对我来说无所谓，因为我采用红利再投资，分不分红对我没有影响（今天不讨论归一分红的问题）。但是好像还是说服不了所有的人。老持有人会被分红后份额的增加而吸引，新进入者也被分红后净值的降低而吸引。另外关于是采用红利再投资还是现金分红？不分红是不是损害持有人的利益？分红是不是把“浮盈”转化了“实赢”等等，也还存在些观念上的分歧。

今天给出些数据和大家分享吧。下面的统计是从 2006 年 1 月 4 日到 2007 年 2 月 16 日。

表 6－18　6 只基金的回报和分红情况　　单位：元

	阿尔法	中国优势	广发小盘	易方达策略	华夏大盘	景顺内需
总市值	32933.77	33977.17	31314.80	32964.66	36236.68	33363.03
总回报	22933.77	23977.17	21314.80	22964.66	26236.68	23363.03
净值增长	21977.85	16973.33	6853.95	16791.11	21958.04	16634.24
红利	392.04	3967.89	9157.68	3111.11	1798.20	6128.40
分红次数	1	2	6	6	3	2
红利再投资	955.92	7003.84	14460.85	6173.55	4278.64	6728.79

上表是假设在2006年1月4日分别在上述基金中投入10000元，到2007年2月16日的情况。

总市值是指如果采用红利再投资，那10000元到现在的市值情况；总回报是从中扣除了本金剩下的利润；净值增长部分是指这14个月以来，单纯看净值产生的资产收益（扣除了本金）；红利是指在这段时间中，可以得到多少现金分红；红利再投资是说如果这些红利用来再投资，那到2月16日又可以产生多少市值。

从这六只基金对比中可以看到，广发小盘和易方达策略是最喜好分红的，14个月分了6次。上投阿尔法最不喜好分红，就分了一次。广发小盘和景顺内需分红额度最大，9000多只和6000多只；这六只基金都是非常不错的基金，它们这14个月的总体回报都在200%以上。但是怎么也看不出总回报和分红的次数或者分红额之间有什么联系。

如果分红，红利再投资显然增加了很多利润。最多的是广发小盘，增值5000多元，中国优势和易策都是3000多元。内需虽然也分红很多，但是它的分红是在2007年年初，再投资的威力还没有显示出来。阿尔法分红少，易策分红多，但它们两个的回报率差不多。分红多了，最后的份额是涨了不少，但净值降低，经过红利再投资后，和不分红没有什么区别。分红前后买基金也没有区别。份额绝对不是关键因素，100元的100张钞票和10000张1元的钞票没有区别。

有人说，分红后，把浮盈转化成了实赢。这话对，但经过红利再投资以后，实赢又变成了浮盈。除非咱们不投资，只要投资，只要咱们的钱在市场里面，盈利和亏损都是“浮”的。在把你的房产卖掉之前，所有房地产收益难道不是“浮”的吗？浮赢不可怕，没有浮赢哪里有实赢？咱们当然也可以采用现金分红，那样好像是得到了实赢。如果这样想，全部赎回不是更落袋为安了？可我要说的是，这种落袋为安更像是杀鸡取卵。

咱们的核心利润在于基金经理是不是能为我们赚到更多的钱，而且能用赚来的利润帮咱们再赚更多的钱。这中间是不是把钱分给我一部分,我倒不在乎。因为他分给我了,我还会再投回去的。

20.

再说波段操作

写于2007年3月3日,此时股市震荡,不少朋友开始怀疑长期持有的观念。

我一直是喜欢长期持有策略,而反对波段操作的。这绝对不是因为长期持有像是投资,而波段操作像是投机。或者说长期持有更“高尚”,而波段操作更“低微”。而是因为相比两种策略的最终回报,长期持有策略最终有优势,也就是说我认为只有长期最终才能赚到更多的钱。

当和一个新投资者去谈证券市场的投资方法时,几乎所有的人想到的都是波段操作。也就是在高点卖出,然后再在低点买入。这个想法是如此的自然,甚至是完美,似乎毋庸置疑。但我要说的是波段操作实在是“可望不可及”的东西。

最近股市震荡剧烈,从高点跌下来的人都在后悔:如果我把基金抛掉了,那不是就没有这个损失?如何再在低点进入,白白赚了10%。所以会说“我再也不长期持有了”。也有朋友认为中国市场太不可预测,中国的事情都是短期行为,未来是什么样谁都不知道,见好就收才是真理。

我并不反对这种观点,但前提是您能做到这点。

我们真希望能在高点卖出,然后在低点买入。可前提是你能预见什么时候是高点,什么时候是低点。2月27日大跌,可有多少人能在2月26日预见到这件事情呢?今天是3月3日,又有谁知道下个星期是会反弹还是持续下跌呢？现在是该加仓还是减仓呢？这甚至不是一个需要后悔的问题，因为这是咱们控制不了的事情。

一个成功的波段，必须满足的条件是你下次买入的点位要比你现在卖出的点位低。否则你在一个高位逃离，虽然股市下跌，你躲过了灾难，但如果错失了上涨的时机，再在另外一个更高位买入，那其实是更糟糕的事情。也就是对于波段操作而言必须判断两个时机，股市开始下跌和股市再开始上涨。你要有两次操作，而这两次操作都不能失败，否则结果就不如一直持有。我们有时候能对市场有所感觉，觉得可能是在一个高位或者是一个低位。即便咱们对两次时机的把握都在70%的时候，两者同时成立的概率，也就是波段操作最终成功的概率也只有49%。换句话说，你必须10次判断成功7次，才能和长期持有打个平手。

单单一次卖出，不是成功。你必须在更低的点买入才行。

我以前做过波段，或者试图做波段，结果是失败的。有人说我是吃不到葡萄就说葡萄酸，呵呵！我承认我是没有吃到甜葡萄，原因是这种甜葡萄不是想吃就能吃到的。在论坛上，不少人在说该做波段，但我不知道有几个人波段做成功了，而且是长期做成功的。一次、两次不稀罕，稀罕的是你至少10战7胜。

有朋友说，基金经理不是也在做波段吗？在高点卖出，在低点买入？我们为什么不行？我想我们是不行，否则我们花钱聘任基金经理给我们投资干什么呢？

那大波段能做吗？有朋友说，如果股市跌了50%，看你还持有不？呵呵，如果股市都跌了50%了再跑，那恐怕更是大大的不划算啊，八成跑在地板价上了。这就是为什么投资要用闲钱，为什么要长期持有的另外一个原因。因为只有这样，咱们才可能等到市场回暖再上升的机会。

赚钱才是硬道理，而且是最终赚钱才是硬道理。除非您短期内不再回市场，不再投资，不玩了，那就在您认为的高点退出吧。一次判断成功要比两次判断都成功容易得多。如果你对中国市场的长期走向没有信心,那赚一笔算一笔。如果你1000点进入的,现在有了200%的利润,那就退出吧,等着市场再回到2500点的时候再进入。可是您知道中国市场会回到2500点吗?如果回不到,那就金盆洗手吧。

有人说长期持有是基金公司的谎言,他为了赚管理费才鼓励大家长期持有。可大家想过没有,管理费加托管费用一年才2%。你一年做两次波段进进出出的费用都比这个高。照理说,基金公司应该鼓励大家频繁进出才好。

波段操作损害的是自己的利益。别理想化地说应该波段操作,这不是应该不应该的问题,而是能不能的问题,是做不做得到的问题。

如果你真的想试,那就用你少量的资金去试吧。冷暖自知啊。

21.

再说理财和发财

写于2007年03月07日。

投资基金是理财,而不是发财。我认为理财和发财的一个区别是:理财是有目标的,比如养老或者孩子的教育,而发财似乎是多多益善。理财的目标是比较明确的,比如你希望有200万养老,50万为孩子的留学,而且你也知道你有多长的时间去实现这个目标。显然如果你已经是个巨富,你无须理财,这些钱已经在你的保险柜里面了。但没有的时候,你就希望通过理财投资,实现这个目标。可是投资是有风险的,那更需要考虑的就是怎么在最小的风险下去实现你的目标。

如果你的养老金已经在保险柜里,那你需要的就是克服通货膨胀；如果你有 50 万，但你还有 20 年才退休，而退休的时候只要 200 万，那也就是需要翻两番，也就是年收益 7%～8%就可以实现；而如果你只有 10 年，那就要 15%才行。高的收益意味着你要承担高的风险。如果你现在只有 2 元钱，而要几天后有 500 万，那你就买彩票吧。

所以我认为理财就是在风险最小的情况下实现你的既定目标。咱们必须在目标和风险中平衡。大的风险不确保大收益，也不确保你达到目标的可能性大。

基金投资是一种稳健的、达到你目标的走法，不是发财越多越好的工具。

实际上投资是平衡你现实生活和未来生活的手段。你现在投入的越多，享受的就少，但对未来的保证就多。把所有的资产都投资，那现在生活靠什么维系？既要保证现在，也要拥有未来。用高风险来赌未来实在没有必要啊。

也可以这样想，在我推荐的核心＋卫星组合中，核心部分是为了锁定未来目标的部分；而卫星部分是你可以试图“发财”的部分。爱做波段就做吧，但别伤及您的核心，否则您恐怕连基本目标也达不到了。

22.

我的长期持有是几年

写于 2007 年 03 月 08 日。

前几天在讨论是否长期持有的问题。很多朋友问长期是多长，什么算长期？这里讲讲我的看法，或者说我的长期是几年，和大家讨论。

我认为长期持有是一个策略问题，而不是一个技术问题。是长期持有基金，或者说长期投资基金（可能“长期投资”这个词更确切点），而不是长期死抱着一只基金。

这基于几点：

(1)不去预测市场。我相信对绝大多数人来讲，预测市场是做不到的，尤其是通过预测来具体指导买入卖出实在是太困难了。也就是说，对普通基金投资者，我是反对波段操作的，除非是高手或者天才。这个观点我说过很多了，不再重复。

(2)把投资作为一个长期“事”来做，也许这不是事业，但是是一件长期的“事”。基金是理财工具，理财是有目标的。如果还没有达到这个目标，我就会把这件事做下去。革命尚未成功，同志尚需努力。也就是说我不会脱离市场。

最近大家在讨论如果达到自己的收益点是不是要退出的问题。我的想法是：比如基金的长期平均收益是15%，但这是一个平均概念。今年如果50%，明年可能是－10%，这样长期才有15%。如果我在20%的收益点退出，明年即使也不进入，没有亏损。这样平均下来就没有15%的收益。因为你踏空了一段，而且也未必真能躲避市场亏损的时候，所以很可能落后于市场的平均。市场的走势是和我们的意愿无关的。

当然，如果你能判断市场的泡沫，股市的疯狂，而且能判断它们的程度，躲开亏损，保住收益，肯定是最美妙的，但恐怕不是那么容易。这除了是经济问题，更多的是心理的承受问题。

那么长期持有是不是就是“捂”上三五年？我的看法不是这样。我们买基金，基金买股票。咱们可以不关心股票，但咱们一定得关心基金。在现在的国情下，简单信任一个基金也是不合适的。所以咱们得跟踪基金和基金公司的情况，也别和基金谈恋爱，别把个人情感融入你的投资之中。

但是基金公司和基金的情况不是快速变化的，咱们得给它足够的考察期。比如我自己对我选择的基金连续6个月徘徊在3星基金(指数基金除外),那我就要考虑转换了。我之所以现在不投资指数基金的原因是因为我对中国市场的判断还是认为基金经理有很多优势,那我也就认为它应该是领先的。4星和5星的基金占有市场的头1/3,如果长期在这个比例之后,我就认为是有问题了。我记得上投要求他们的基金保持在前25%的水平,那也就是4星和5星的水平。

所以,我说我的长期是没有一个固定年限的(但最少半年),除非有基本面的变化,比如违规、股东层、基金经理、投资策略等的变化。如果是一个好基金,我会持有很长,一直到我投资目标的完成,也许是15~20年。

23. 我们在赚谁的钱

写于2007年04月08日。

有朋友又提起这个话题:我们到底在赚谁的钱?我就来表述一下个人的看法吧。

股市投资会创造财富吗?如果不创造财富,那就只是财富的再分配,不过是劫富济贫,或者是打家劫舍。如果股市是零和游戏(正负总和为零的游戏),也就是赚的是亏的人的钱,有人赚自然就有人亏。这马上就带来一个疑问:2006年以来,怎么只见赚的人,不见亏的人呢?

我的看法是首先股市投资是会创造财富的。要记住我们真正投资的不是股票,而是投资股票背后的企业。企业是会创造财富的,所以投资股市,给企业相应的资本,这些资本就会产生新的财富。这实际上就是股市会长期上涨的根本原因。投资有回报,这种回报就是由于有新的财富的产生而造成的。

但这是在非常长的时间尺度上的，也就是大趋势。股市的短期表现却是在长期上升趋势上叠加的一系列剧烈波动，而这种波动远大于短期的财富创造量，这种波动是一种财富的再分配，往往类似于一个零和游戏，有人亏有人赚。但也要注意，这种零和游戏不是实时的，不是说每天在股市上赚的人和亏的人是一样多的。在牛市的时候，可能所有的人都赚；而在熊市的时候，可能所有的人都亏。而在一个牛熊周期中，大概可能是一个零和游戏。也就是说咱们2006年赚的钱，大多数是别人在上个熊市里面亏的钱，也就是所谓的价值回归。而如果股市泡沫产生，那泡沫中赚的钱，将是透支下个熊市中亏损的钱。

也就是说，长期来讲市场是向上的，咱们赚的是投资企业的钱，所以有人说投资是赚钱的，只是赚多赚少的问题，这种说法也对，但前提是长期；短期来看，牛熊市场间的确是财富的再分配，熊市会蒸发资产，但牛市又会让它们回归。如果短期投机，那就是一种博弈，就是所谓的“搏傻”游戏，希望在咱们后面还有一个傻瓜会接咱们的盘。咱们可不要做在熊市里面大亏，却又错过牛市的人。

24.

请背对观众

写于2007年07月06日。

市场动荡，又折回去再看一本书《绝境与生机——市场动荡、风险和机遇》。这本书以前就看过，这时候再读，又有新的感受。

首先是谁在恐慌？是市场还是人？答案是：不是市场有了巨变，而是人的心态发生了逆转。

当巨大的财富效应弥漫在市场上的时候，那似乎成了一个100%能赌赢的市场，谁还记得风险呢？但"在冒险行为没有带来预期效果时就会陷入恐慌。在这种情况下，许多投资者都会觉得受骗上当，想尽快从自以为是受骗的源头脱身。一群投资者很快蜕变成为惊慌失措的一个群体。正是因为这一群人处于惊慌失措的状态，就容易做出惊慌失措的决定。因此对于那些没有加入这个群体的人而言却是绝佳的机会。面对这样的好时机，真正的回报属于那些意志坚定、十分相信自己的判断力而不是听别人的观点的人。"

"采取这样的独立立场并不容易。朝着和人流不同的方向前进有遭到践踏的危险。但是在如同战场的投资领域，胜利常常属于那些在似乎指向同一方向的信息浪潮中冷眼旁观、勇于打破常规的人。这意味着胜利者要有能力发现指向另一行动方向的信息。"

上面这两段话出自《绝境与生机——市场动荡、风险和机遇》。虽然有点拗口，但我觉得这是这本书的精华所在。

其实无论市场上涨还是下跌，大多数人对市场的反应是过度的。市场上最终赚钱的人一定是少数，咱们要做的就是怎么成为这种少数者。这本书里面还有一句经典的话："如果你想指挥交响乐，一定要背对观众。"

25.

这世界上是没有神的

写于2007年07月27日。

我想这个世界上是没有神的，但咱们却经常想去寻找一个神，一个能包治百病的神。

一年多在国内投资的经验,让我感到很多朋友希望遇到神,一只"神基",一个"神专家",或者一个"神的投资方式"。但我认为,这些东西都是没有的。

很多朋友最常见的问题是:你能不能推荐一只基金?希望是收益好,风险低。这种神基是没有的。而且有半年以上投资经验的朋友都可以发觉,市场变化如此之快,你根本不能预测到一个基金未来的趋势。任何一只基金都只会在一段时间表现良好,这和他的投资策略是密切相关的。比如上投优势和上投阿尔法,你能说哪只更好吗?你能比较的仅仅是一个特定期间的短期表现。记得有朋友对我书的评论说,我对上投阿尔法和上投优势的评论刚好和实际情况相反。那本书(本书的第一版)是2006年年底完稿的,今年上半年是上投优势比阿尔法好,但最近的情况也未必能分出个胜负,所以简单的断言哪只基更神,恐怕是做不到的。

有"神专家"吗?也许有,那是巴菲特、林奇之流。我想在咱们的周围这种人恐怕很难找到。我记得有大师说过,有三种人能预测市场:天才、疯子和骗子。我反正不是天才,更不想当疯子和骗子。不要相信所谓的专家,如果他真是天才,恐怕也不会出入咱们中间。

投资绝对没有任何万无一失、包治百病的方法。任何方法都有其两面性,比如长期持有和定投,甚至波段操作。适合自己的方式才是最好的方式。我也看到过一些投资模型,或者听说这种那种法则,但我是对这些模型不大相信的。我也有朋友在华尔街专门研究金融模型,但这不是咱们投资散户能做的事情,更不是用EXCEL表能完成的工作。投资不是数学,没有定式。

投资的时间越长,我越觉得投资是对自己人性本质的考量。这世界上没有救世主,没有神,只有你自己!没有一劳永逸的事情,钱是你的,生活是你的。你不做主谁做主呢?

26.

6000点，买还是卖

写于2007年10月16日，上证指数接近6100点。

随着点位的增高，问我买什么基金的人数也随着增加。我依然一如既往地告诉他们基金的风险在哪里，然后不给出具体建议。我不想让他们犯无知的错误，也不想承担让他们失去赚钱机会的责任。但好像越来越想明白了一件事情，那就是咱们的操作一定要和风险的认知相匹配。现在6000点，是该买还是该卖？我的想法也简单：如果你不想再承受未来的风险，那你就卖；如果认为未来的风险你还能撑得住，那就持有；如果认为未来的机会还很多，那就接着；但如果知道未来的风险承受不了却还要买，这我就反对了。

买、卖、持有，我都赞同，关键是你的风险承受能力有多大。但我非常反对明知山上有虎，却非要上景阳冈的大无畏精神。那是赌博！靠几碗酒是成不了武松的。

风险是一种不确定性。市场可能涨，也可能跌，这种捉摸不透就是风险。我们在心理上和财务上都在面对这种风险。想想这一年多咱们是怎么赚到钱，其实也是因为咱们承受了风险。想想在那些不确定的行情中经受的那种忐忑不安的心情。对未来的行情，我没有把握，但相信随着点位的上升，不确定性也在加大，也就是风险在加剧。风险加剧也并不意味着咱们就一定退出，关键在于咱们自己能承受多少风险。我和朋友常开玩笑的一句话是：买基金是在存银行和抢银行之间。存银行是没有危险，收益低；抢银行是收益大，危险更大。那在这中间就有很多档，咱们每个人都有一个最高承受挡位。超过这个最高档位太多，就从投资变成了投机。

对风险的评估不仅仅是财务上，同时也是心理上的。在心理上承受那种忧心忡忡的日子并不是件容易的事情。所以我说如果睡不着觉，就降低仓位，也就是减少风险。

那这是不是不符合长期持有的思想呢？LaoK 以前说要守，现在怎么买卖都赞同了呢？其实长期持有的心理压力是最大的。现在牛市，我提倡长期持有，大多数人都没有异议，因为看到守住了，钱就进来了。但一旦市场持续下跌，估计我就要被骂得很惨很惨。但也正因为长期持有的心理压力大，所以才会有好的收益，这也是风险溢价。可是绝对不是每个人都能承受这种压力的，如果你承受不了，我也就不劝你长期持有了。这恐怕也是我最近思想的一个变化。

说老实话，我已经做好市场随时下跌 50%的心理准备，所以可以睡得着觉。但如果市场再涨 50%，我会睡得更香甜。

后 记

经过几个月的写作和整理，这本书终于面世了。

这几个月来，中国的基金市场又有了很多新的变化，各种基金的表现也此起彼伏。比如我喜爱的广发聚富基金和广发稳健基金居然掉到了晨星三星评级，而2007年年初小盘类股票行情的上涨让华夏大盘基金如日中天，2006年最风光的景顺内需基金却随着蓝筹股的退潮而降低了前进的速度。在我的书稿里面曾经谈到小盘基金的意义，其实那个时候小盘基金处在一个非常不景气的时刻，但是转入2007年后，市场的热点却从大盘转移到小盘。这并不是我能预测到的行情，而是市场本来就不可捉摸。这一切都体现了股市中的板块轮动效应，对于投资者来讲，如果已经有一个有效的投资组合，那就不会被这种轮动所苦恼。

从2007年2月开始，大盘起伏跌宕，2月27日"黑色星期二"，上证指数居然一日下跌了8.84%，深圳成指下跌了9.29%，成为近10年来最大单日跌幅，市场一片恐慌。对于基民来讲，尤其是那些习惯了2006年行情的朋友，简直是当头一棒。这也似乎预示着2007年不会是很平静的一年，2006年那种天天赚钱的事情一去不返了。在这种时期，更需要投资者坚定自己长期持有的信念，不要被贪婪和恐惧所左右。

虽然行情震荡，但是2007年新基金的发行却是屡创新高。从2月26日到3月13日的半个月时间内，新增基金开户数为105万户。汇添富成长焦点基金居然创下了当日发行，当日结束申购的奇迹。绝大多数2007年发行的基金，规模都在百亿份上下。有些城市甚至出现早晨4～5点起来排队等待抢购新基金的场面。基金公司也抛出新的发行策略，甚至把股市中的抽签方式引入基金市场。对于这种情况，我实在是为这些朋友担心，因为这里面绝大多数人缺乏对基金最基本的认识，他们几乎忘记了股市是有风险的。当灾难降临的时候，他们会受到最大的打击。

这本书里面讲的开放式基金投资三步曲却不会随着股市的涨跌而变化。无论牛市还是熊市，明确投资目标、选择合适基金、实施正确操作的策略都不会过时。“努力学习知识、充分了解自己、仔细选择产品、稳健实施投资、平和看待涨跌”，这是我们一定要记住的事情。

我们走在一条通往财务自由之路上。

财务自由，我想这是每个个体投资者都追求的梦想。所谓财务自由，是指那么一天，咱们不用工作，光靠投资就可以解决生存问题，可以体面而舒适地过日子。无论如何咱们必须在退休的时候实现财务自由，这并不是一种奢望。让我们携手走向这个目标吧！

2007 年 3 月